BÜZZ

© Adriana Alcântara, 2025
© Buzz Editora, 2025

PUBLISHER Anderson Cavalcante
COORDENADORA EDITORIAL Diana Szylit
EDITOR-ASSISTENTE Nestor Turano Jr.
ANALISTA EDITORIAL Érika Tamashiro
ESTAGIÁRIA EDITORIAL Beatriz Furtado
PREPARAÇÃO Algo Novo Editorial
REVISÃO Giulia Molina Frost, Letícia Nakamura e Natália Mori
PROJETO GRÁFICO Estúdio Grifo
ILUSTRAÇÃO DE CAPA Bruno Honda Leite

Nesta edição, respeitou-se o novo Acordo Ortográfico da Língua Portuguesa.

Dados Internacionais de Catalogação na Publicação (CIP)
(Câmara Brasileira do Livro, SP, Brasil)

Alcântara, Adriana
    Conexões: A importância de criar vínculos na jornada
    profissional / Adriana Alcântara
    1ª ed. São Paulo: Buzz Editora, 2025

ISBN 978-65-5393-409-2

1. Desenvolvimento pessoal 2. Desenvolvimento
profissional 3. Empresas – Administração 4. Mercado
5. Relações interpessoais 6. Sucesso profissional – Negócios
7. Transformação I. Título.

24-240486   CDD-650.1

Índice para catálogo sistemático:
1. Sucesso profissional: Gestão de carreira:
Administração 650.1

Eliete Marques da Silva, Bibliotecária, CRB-8/9380

Todos os direitos reservados à:
Buzz Editora Ltda.
Av. Paulista, 726, Mezanino
CEP 01310-100, São Paulo, SP
[55 11] 4171 2317
www.buzzeditora.com.br

ADRIANA ALCÂNTARA

Conexões

A importância de criar vínculos na
jornada profissional

*Para todas as mulheres da minha família que
sempre deram o seu melhor e tanto me ensinaram.*

*Para Vicky, a melhor filha que eu poderia ter e que
faz de mim a melhor mãe que posso ser.*

*Para todas as mulheres que buscam a cada dia
evoluir em todas as suas facetas.*

Agradecimentos

Este livro sempre foi um grande sonho e só se tornou realidade graças a muita gente que me incentivou. Gostaria de agradecer ao meu padrasto Attila de Souza Leão Andrade Jr. (*in memoriam*), a pessoa que plantou a primeira sementinha para que eu fosse autora um dia. Às minhas conexões tão especiais, mulheres maravilhosas e amigas que escreveram aqui dando suas visões tão especiais de nossos aprendizados. Também não posso deixar de lado amigos como Vinicius Melo, que tanto me ajudou a achar uma estrutura que organizasse o que eu queria dizer, Breno Lerner, Guilherme Oller, Camila Leme – os primeiros a lerem a versão inicial deste livro e carinhosamente me passarem seus comentários. Ao meu marido, sempre meu maior incentivador e fã, e meus pais.

Agradeço ao Anderson Cavalcante, à Diana Szylit, ao Nestor Turano Jr. e a toda a equipe da Buzz Editora, que abraçaram junto comigo este projeto como um filho.

9 PREFÁCIO
Pela construção de vínculos autênticos
Fábio Coelho

11 INTRODUÇÃO
O astronauta

15 1. Sorte

33 2. Confiança

55 3. Coragem

80 4. Flexibilidade

112 5. Inteligência emocional

135 6. Escuta

171 7. Empatia

185 EPÍLOGO
Sobre a conexão que fizemos aqui

189 CRONOLOGIA

PREFÁCIO

Pela construção de vínculos autênticos

FÁBIO COELHO
presidente do Google Brasil

Como executivo de uma empresa em que pessoas são o maior ativo, pude testemunhar a força motriz que equipes engajadas e lideranças bem preparadas podem exercer em prol de resultados excepcionais.

O que distingue, de fato, uma organização de outras é a qualidade dos relacionamentos que ela nutre, e não necessariamente a qualidade de processos, tecnologias ou estratégias. O sucesso duradouro é construído nas conexões humanas – na maneira como nos relacionamos, colaboramos e crescemos juntos. Cultivar boas relações, fortes e genuínas, cria confiança, engajamento e resultados.

É trivial dizer que a tecnologia está mais e mais presente no nosso dia a dia. Os processos se tornam cada vez mais automatizados e, por consequência, mais impessoais. O que talvez não seja tão óbvio é que, com isso, a atenção aos aspectos humanos tenha se tornado o principal ativo das empresas que prosperam.

Quando todos, não só gestores, praticam a empatia, o diálogo aberto e a construção de vínculos autênticos, os resultados para os negócios surgem de maneira espontânea. Produtividade e inovação aumentam e, como cereja do bolo, cria-se um ambiente de trabalho ao qual as pessoas têm orgulho de pertencer – situação que proporciona a retenção de talentos.

Ao longo das páginas a seguir, Adriana Alcântara nos presenteia com histórias, reflexões e práticas pessoais que nos inspiram a investir de maneira genuína nos relacionamentos, para que eles deixem de ser apenas cordiais e se tornem motores reais de crescimento, confiança e colaboração. Cada capítulo revela que o sucesso está intimamente relacionado à capacidade de investir no desenvolvimento humano e de construir pontes, não só entre colaboradores, mas também com seus clientes, parceiros e a sociedade como um todo.

Encerro este prefácio manifestando meu desejo de que mais do que simples interações profissionais, que nossas conexões possam criar espaços de trabalho onde todas se sintam valorizadas, ouvidas e motivadas a contribuírem com o melhor de si.

Boa leitura!

INTRODUÇÃO

O astronauta

Era março de 1974, e eu era esperado (sim, no masculino, pois tinham certeza de que eu seria um menino) para o final de abril. Em um certo domingo, minha alma decidiu que era o meu dia de chegar ao mundo. Meu avô materno, Manoel Rezende, sempre contou todo contente que chegou à maternidade Pro Matre Paulista, em São Paulo, tropeçando pelos degraus da escada da entrada e o segurança perguntou: "O senhor é o pai?", ao que ele respondeu ainda mais orgulhoso: "Não, eu sou o avô".

A maternidade estava cheia de convidados, todos esperando o bebê nascer, e a porta do meu quarto exibia pendurado um enfeite de astronauta, presente do meu padrinho. Em uma época em que não era possível identificar o sexo do bebê, cada um montava o filme que queria na própria mente. Neste caso, minha mãe brincava com meu pai colocando no meu futuro berço uma foto de um recém-nascido aleatório, chamado Dirceu (em homenagem a meu pai), que ela tirou de uma revista.

Estava tudo muito bem planejado, até que o obstetra, dr. José Hammermesz, me tirou do ventre da minha mãe, me levantou e disse: "É uma menina!". Minha avó materna, Zoraide Salvetti, mulher forte, empreendedora nos anos 1950, respondeu ao desapontamento do meu pai: "Dirceu, não fique assim, ela vai ser sua eterna namorada".

Sigo sendo a eterna companheira do meu pai, como minha avó previu, mas, de modo geral, acho que minha trajetória fugiu bastante do que imaginaram na hora do meu nascimento.

Bem, o enfeite do quarto passou a ser *uma* astronauta, certo? Afinal, nascera uma mulher. E isso não significava que eu não poderia ir à Lua e conquistar todas as estrelas, não é mesmo? Acho que em 1974 meu pai não imaginava que eu teria uma carreira executiva, com passagens pelas mais desejadas empresas nacionais e internacionais. Que eu seria líder de muitas mulheres e também de muitos homens que sempre me respeitaram. Tive muita, muita sorte. Algumas vezes posso ter sido preterida por ser mulher, posso ter conseguido alguma reunião "apenas" por ser mulher, posso ter tido mais ou menos credibilidade por ser mulher... Mas eu *amo* ser mulher. Acredito que somos astronautas equilibristas que alcançam as estrelas e conseguem se manter firmes em qualquer atmosfera – ou até mesmo na falta dela.

Quando comecei a dar aulas de produção no curso de graduação na faculdade Fundação Armando Alvares Penteado (FAAP), em São Paulo, ganhei da minha primeira turma o apelido de Mulher-Maravilha. Uma honra, com certeza. Mas, pensando bem, acredito que toda mulher é e tem suas maravilhas, e o superpoder é achar conexões que façam nossas virtudes ganharem a luz do sol.

É sobre isso que vamos falar nas próximas páginas. Sobre o poder dessas conexões para quem deseja assumir um cargo de liderança e inspirar seus liderados. Sobre como você pode usar essa habilidade e os seus pontos fortes para alçar voos altos. Sobre o imenso potencial de transformação que as suas qualidades – como coragem, confiança, flexibilidade – podem gerar para os negócios.

Acompanhando o decorrer da minha carreira ao longo de mais de trinta anos, este livro conta como esta astronauta sonhou e conquistou algumas estrelas. Como empoderei outras mulheres, como aprendi algumas coisas e não consegui aprender tantas outras – afinal, a vida perderia a graça se não tivéssemos mais lições pela frente. E usando a minha trajetória como pano de fundo, espero inspirá-la a traçar o próprio caminho, independentemente do que as pessoas ao seu redor esperam de você. E mais: desejo que as lições dos próximos capítulos sejam o começo dessa caminhada. Como nada na vida é exatamente linear, pensei que fizesse sentido incluir uma cronologia como material extra, para te servir de apoio.

Sempre fui ciente de todos os meus privilégios: de começar a trabalhar bem cedo em lugares muito relevantes, com muita gente competente ao meu redor, e é possível que uma necessidade de mostrar que eu merecia estar em cada um desses lugares tenha se enraizado em mim. Talvez em algum recôndito do meu interior que só Freud poderia explicar...

Também não perco de vista os privilégios que tive com minha família, dos lugares em que pude estudar. Mas ainda que eu tivesse o acesso a essas portas, muitas não se abriram para mim sem esforço. Uma vez que passei por elas, não havia dúvida alguma de que eu aproveitaria a oportunidade e me dedicaria ao máximo. Eu sempre gostei do que eu fazia, e queria fazer bem. E o que descobri ao longo dos anos é que às vezes "só" isso já serve para superar as expectativas. Eu queria muito, mas não só: tinha o preparo e a dedicação para ser o tipo de profissional que eu almejava ser e trabalhar com quem eu gostaria de trabalhar.

Dito tudo isso, preciso afirmar que não me considero uma referência de carreira, nem de maternidade, nem de esposa, nem de filha nem de nada, mas sou feliz com quem me tornei e tenho planos de quem quero me tornar amanhã. Tenho orgulho das relações que construí, dos sucessos que conquistei e dos tombos enormes que levei. Espero que algumas das descobertas e aprendizados compartilhados aqui possam servir como ferramentas para outras pessoas que são ou que almejam ser líderes um dia. Está tudo conectado e é assim que acredito que os astronautas conseguem desbravar outros planetas!

Aperte os cintos e prepare-se para o lançamento. Bom voo!

Este livro retrata a minha experiência individual a partir da minha perspectiva em grandes empresas onde trabalhei. Não acredito que exista empresa perfeita, nem simplesmente ruim. Existem culturas empresariais que combinam mais ou menos com cada profissional e com seu momento pessoal, assim como existem líderes com os quais você pode se identificar ou não.

CAPÍTULO 1

Sorte

Talvez seja um pouco estranho começar um livro sobre liderança no mundo corporativo usando "sorte" como palavra-chave. Mas acredito que você concordará que não existe melhor termo para definir o meu primeiro trabalho profissional. Afinal, o fiz quando eu tinha apenas alguns meses de vida.

Tudo aconteceu quando minha mãe, Leilah Salvetti Rezende, passeava comigo no Parque Ibirapuera, em São Paulo, e foi abordada por uma mulher que elogiou sua beleza, perguntando-lhe em seguida se não gostaria de participar da gravação de um comercial que ocorria ali no parque, a qual ela estava produzindo naquele exato momento. A peça publicitária em questão era para a Estrela, principal fabricante de brinquedos do país, e envolvia uma mulher conduzindo um carrinho de bebê. Minha mãe aceitou prontamente. Impossível saber se aquele elogio foi genuíno, pois, como eu aprenderia em minha carreira – seja na publicidade ou no audiovisual –, o improviso é quase a regra, e se eu estivesse no lugar da produtora, precisando urgentemente de um bebê para aparecer no comercial, teria feito a mesma abordagem. Mas é fato que minha mãe, loira de olhos azuis e esbanjando felicidade em passear com seu primeiro bebê, devia mesmo chamar a atenção.

A propaganda era realizada por uma pequena produtora chamada Diana Cinematográfica. Naquele dia no parque, a peça era para um produto – ou melhor, uma promoção de Natal – chamado Banquinho Estrela. Ele consistia basicamente em um talão de cheques em que cada uma das dezesseis folhas tinha o nome e o desenho em marca d'água de um brinquedo da empresa. A criança então preenchia o chequinho, assinava e o destacava para ser entregue por um adulto ao Papai Noel. Digamos que era uma forma mais simples de pedir o presente sem ter que enrolar o bom velhinho com uma cartinha. (Publicidade válida nos anos 1970, mas certamente inadequado para os dias de hoje, assim como aqueles famosos cigarrinhos de chocolate, lembra?)

No fim, como já era esperado, minha mãe, sempre comunicativa, acabou se tornando amiga da produtora, chamada Arlette Siaretta. Tanto que alguns meses depois de o meu irmão Fernando nascer, quatro anos depois do comercial do Banquinho Estrela, ele também estrelou uma peça publicitária da Arlette, inaugurando o que viria a ser um marco da propaganda nacional: o bebê Johnson. Sim, aquele bebê icônico, loiro e com duas lanternas azuis no lugar dos olhos. Puxou à minha mãe.

Paralelamente, eu segui fazendo mais comerciais da Estrela e de outras marcas pela Diana Cinematográfica. Naquela época, a Estrela era a maior anunciante do Brasil, e algumas das minhas colegas nos comerciais de Barbie e outros brinquedos foram Angélica, Eliana, Samantha Dalsoglio, Adriane Galisteu... Além disso, a nossa casa se tornou ponto de gravação para diversas filmagens. Na época, a morada da minha família, construída pelo meu pai, Dirceu Prado Alcântara e Silva, tinha um cenário possível para todo e qualquer comercial: piscina, jardim, quarto de criança, escritório, adega, closet e lindos banheiros. Então, sempre que Arlette precisava de algum ambiente específico para determinada gravação, era à minha mãe, que adorava um movimento, que a produtora recorria. Por ali passaram nomes como o ator Agildo Ribeiro, o multifacetado Jô Soares, a primeira Miss Brasil, a Martha Rocha, entre tantos outros. E eu, criancinha, estava sempre espiando as gravações, achando aquilo tudo divertidíssimo. Eu adorava acompanhar a produção e depois ver o resultado da versão editada na TV. Parecia mágico!

Eu não sei dizer com certeza se foi a minha estreia precoce na propaganda da Estrela ou se foram os anos na infância assistindo às gravações comerciais que serviram como uma semente para o que eu faria da minha vida. Certamente, não imaginaria que tudo isso poderia ser uma "carreira" se não tivesse sido exposta de uma forma ou de outra. Toda essa sorte, no entanto, fez com que muitas vezes eu olhasse para as oportunidades que tive de modo deturpado. Sei que em tantas ocasiões me submeti a enormes volumes de trabalho e situações desagradáveis pela pressão que sentia para provar o meu valor. Privilégio é maravilhoso, e precisamos abraçá-lo, mas ele também pode vir acompanhado pelo peso de uma exigência tóxica. Um desafio enorme, especialmente no início da carreira. Uma oportunidade que veio fácil me levou a aceitar acontecimentos difíceis que, mesmo tendo me ensinado lições valiosas, também me machucaram bastante.

Meu pai, empreiteiro de construção civil, só me falava de carreiras como medicina, advocacia, odontologia. Acho que ele nem sabia o que era comunicação ou publicidade. Segundo ele, com uma dessas profissões eu poderia ser autônoma, não precisaria de um chefe e teria maior controle sobre os meus horários. De fato, esse ponto é válido, e eu errei nesse âmbito em algumas situações que contarei ao longo destas páginas. Mas o que aconteceu foi que não ouvi o meu pai. Fui estudar marketing e publicidade e, anos depois, quando estava à procura de um estágio para trabalhar com televisão, minha mãe disse que eu deveria tentar minha sorte na produtora de filmes Casablanca.

Confesso que essa sugestão me surpreendeu em dose dupla. Primeiro, por minha mãe de fato conhecer a empresa – embora fosse a maior produtora do mercado na América Latina, esse tipo de conhecimento me parecia restrito às pessoas que atuavam na área. E depois pela naturalidade com que a ideia surgiu. Meus colegas de faculdade e professores tratavam a Casablanca como uma referência, uma potência em produção. Além do tamanho, era a única finalizadora de filmes publicitários com certas tecnologias. Era um sonho, uma ambição trabalhar lá, e certamente um objetivo complexo de atingir. Além disso, a Casablanca, por seu porte e relevância em tantos trabalhos importantes, era um sonho para os que buscavam não apenas um estágio, mas um emprego de fato. A disputa era grande, e o acesso parecia impossível. Disse tudo isso para a minha mãe, argumentei que era inviável e que esse talvez não fosse o processo exato para conseguir um estágio.

"Diz que você é a Adriana, filha da Leilah, lá do Estúdio 3", ela insistiu. "Você não sabia? A Casablanca é a antiga Diana Cinematográfica."

Com essa informação, minha mãe fechou o combo de surpresas. Lembrei-me de que a nossa casa era chamada de Estúdio 3, pois a produtora Diana Cinematográfica já tinha outros dois estúdios de gravação. Se os Estúdios 1 e 2 não comportavam o trabalho, ele acontecia no 3 – a minha casa.

Dona Leilah sempre me empoderou a correr atrás das coisas que eram importantes para mim. Quando eu tinha sete anos, fui me inscrever nas aulas de ginástica olímpica do colégio e escutei que não havia mais vagas. Ali, fiquei sabendo que a fila foi por ordem de chegada. Como saíamos todos os alunos na mesma hora e minha sala era uma das mais distantes do local de inscrição, fiquei de fora. Não achei justo e reclamei em casa. Minha mãe prontamente disse:

"Se você não concorda, vá à luta. Fale com dona do colégio, se for o caso."

E eu fui. Entrei na sala da dona do colégio e apresentei meus pontos. Ela deve ter achado esquisito uma menina pequena, magricela, de apenas sete anos, chegar tão cheia de argumentos. No fim, deu certo: abriram uma nova turma de ginástica olímpica e implementaram um processo de inscrições mais justo.

Seguindo o que aprendi aos sete anos, lá fui eu até a Casablanca, uma casa enorme na avenida República do Líbano – coincidentemente, bem na frente do próprio Parque Ibirapuera, que deu início a toda essa história –, e segui à risca a orientação da minha mãe. Essa oportunidade foi resultado de um enorme privilégio que veio do perfil cativante da minha mãe e de sua habilidade de construir relacionamentos. Coube a mim apenas a coragem de seguir a sugestão e bater à porta da produtora. E podemos considerar esta a primeira lição do livro: **sorte sem ação não resulta em nada**. Precisamos aproveitar as oportunidades que surgem e as transformar em acontecimentos concretos.

Minha assertividade foi tamanha que a recepcionista ligou para o ramal da Arlette – nem de perto a pessoa mais acessível do mundo – avisando da minha presença ali. Mais tarde, eu descobri que Arlette entrava pela parte de trás da produtora para ninguém saber que ela estava lá, que não era incomum sua assistente dizer que ela não estava na produtora quando não queria receber ninguém. Ou seja, a mulher era quase uma entidade, e era difícil de acreditar que alguém mal saindo dos dezoito anos conseguiria uma reunião com ela. Ainda assim, foi o que aconteceu. Não demorou dez minutos e Arlette veio me buscar na recepção, com toda aquela conversa nostálgica, perguntando sobre minha mãe, os irmãos, a vida.

"Como você cresceu! Mas o que é te traz aqui?"

"Eu estou procurando um estágio, quero trabalhar com televisão."

Naquele momento, Pedro Siaretta, o marido de Arlette, estava produzindo cinco programas de televisão junto do empresário João Doria Jr., que era sócio de uma recém-criada divisão da Casablanca, chamada Broadcast. Naquela época, era muito comum os canais de TV venderem espaços em sua programação para programas feitos de forma totalmente independente, ou seja, comprava-se o horário para o programa e toda a publicidade comercializada era do produtor, não do canal. Quando os programas perdiam patrocinadores, o risco ficava com o comprador do horário, e não com a emissora, da mesma forma que, se havia muita publicidade e matérias comerciais nos programas, o lucro extra também ficava com o produtor independente. Nesse modelo, a Broadcast produzia programas como *Sucesso, Business* (que mais tarde virou *Show Business*), *America on Line*, e também o *Walking Show*, que era transmitido em São Paulo pela CNT/Gazeta.

"Acho que o *Walking Show* vai ser mais a sua cara. Faz assim: vá ao escritório do Pedro e diga que eu mandei você lá para começar a trabalhar. Vou avisar que você estará lá amanhã mesmo", Arlette respondeu.

Eu já conhecia o sr. Pedro, como ele era chamado. Ele havia me dirigido em alguns comerciais quando eu era menina. Era um diretor muito doce que tinha dificuldade de lembrar o nome das pessoas, por isso era acostumado a chamar todos de "filhinho" e "filhinha" – e eu achava carinhoso.

No dia seguinte, fui encontrar o sr. Pedro em meu primeiro dia de trabalho na fase "adulta". Comecei ajudando na pesquisa de pauta e nos textos, e na semana seguinte acompanhei uma gravação do programa *Sucesso*, no qual a entrevistada era minha ex-colega de comercial da Barbie: a Angélica. Estava linda, a mesma carinha da época em que eu era menina. Passamos o dia gravando e, depois, fui pessoalmente entregar a fita BETA, usada na época, para que fosse veiculada na extinta TV Manchete.

Trabalhei em todos os programas da Broadcast, mas, como a Arlette bem previu, o *Walking Show* foi o meu preferido. Era um programa de entrevistas com celebridades, geralmente gravadas em festas, shows, lançamentos, estreias de teatro e cinema, e quase sempre à noite. Era o que tinha a audiência mais jovem e, consequentemente, com o que eu mais me identificava.

Como as pautas seguiam os dias de gravação e tudo dependia dos eventos, não havia uma rotina muito fixa de trabalho. A única certeza era: toda segunda-feira havia uma reunião fixa de planejamento às oito e meia da manhã com o João Doria. Ele era o primeiro a chegar, sempre impecável. Quando eu ou qualquer outra pessoa se atrasava, nem que fossem apenas cinco minutos, ele costumava cumprimentar dizendo "boa tarde".

Na época, era comum chegar para trabalhar e encontrar aquele "tapete" saindo da máquina de fax. Esse montante de papel eram as assessorias de imprensa enviando pautas e assuntos que aconteceriam e que queriam que o *Walking Show* cobrisse. Eram tempos em que a difusão da internet nem era um sonho, e a maneira de coletar mais informações a respeito das pautas do dia era o bom e velho telefonema com caderninho de anotação à mão. Toda a pesquisa era repassada para o João no começo da semana. Pela minha preferência, eu defendia as pautas ligadas às artes – estreias de peça de teatro, entrevistas com artistas plásticos, gente envolvida com cinema e televisão...

Uma curiosidade a respeito do programa é que eu também estrelava a abertura. Quando cheguei à empresa, ele ainda não tinha saído dos seus primeiros dias de produção, e a equipe estava gravando a sua abertura. A ideia do sr. Pedro era ter uma mulher segurando uma espécie de placa com os dizeres *Walking Show*, deixando visível apenas as pernas e o rosto – o "corpo" seria a própria placa. A apresentadora do programa era a Daniela Barbieri, uma mulher linda, bastante famosa entre o público jovem da época. Em tese, seria ela quem filmaria a abertura, mas, para obter o efeito esperado, o ideal era contar com uma pessoa mais longilínea e com experiência em dança. O sr. Pedro sugeriu então que fosse contratada uma bailarina só para isso, alguém que trouxesse a leveza da dança para cena com a silhueta que ele desejava.

Mais uma vez, a sorte sorriu para mim, pois se havia uma aptidão sobre a qual eu podia bater no peito e afirmar com todas as letras era: "Eu sou bailarina". Sim, além de roteirista, também fui modelo de corpo na abertura do programa. Foi divertidíssimo ver minhas habilidades de dança sendo capturadas pelas câmeras em um registro para a posteridade. Foi uma sensação incrível que adicionava uma camada para além do que eu esperava quando fui atrás daquele estágio. Enquanto ouvia muitos de meus colegas de faculdade reclamarem de seus trabalhos, dizendo que desperdiçavam o próprio potencial tirando cópias e passando café, eu estava ali, com a mão na massa, trabalhando em pautas do meu interesse, me desenvolvendo e surfando as oportunidades.

Que sorte a minha, não? Estar ali vinha do privilégio de acontecimentos anteriores, construídos ao redor de um relacionamento que surgiu quando eu era apenas um bebê. Eu reconhecia isso e, portanto, me dedicava ao máximo, para "merecer" aquela oportunidade.

Mas em qual momento a sorte foi decisiva? Foi com meses de vida, quando participei de uma propaganda da Estrela? Foi o fato de a minha mãe ter mantido uma conexão com a produtora que acabou gravando diversos comerciais na casa em que eu morava? Foi essa mesma produtora ter se tornado uma gigante do mercado? Foi a dona da Casabranca ter boa memória, se lembrar de mim e ter aceitado me atender? Foi o sr. Pedro e a Arlette Siaretta terem me oferecido um emprego tão facilmente?

Quando a sorte sorrir para você, você estará pronto para sorrir de volta?

Anos depois, sentada em uma sala de reunião com a minha equipe, a situação era a seguinte: o canal de TV por assinatura Cartoon Network precisava de uma campanha para impulsionar a marca. Porém, um problema estava presente: não havia orçamento no setor de marketing.

O Cartoon Network sempre fez campanhas no Brasil para reforçar a potência de sua marca e a de seus personagens. Antes de eu chegar ao canal, em especial quando estava na rival Nickelodeon, sempre admirei de longe quanto o Cartoon se organizava com orçamentos para realizar campanhas e eventos e quanto a marca era amada pelo público. Claro que sucesso sempre traz mais dinheiro, e com mais dinheiro fica mais fácil investir e manter a visibilidade do canal de forma constante. Muitas vezes, as empresas perdem a oportunidade de se manter no topo porque seguram investimentos. Eu via o Cartoon Network com esse equilíbrio. Era o canal líder de audiência na TV por assinatura, e eu observava e pesquisava seus movimentos estratégicos para aprender e, eventualmente, melhorar a minha performance no concorrente.

Em 2018, a TV por assinatura estava em um momento bem diferente do que eu vivi por anos na minha carreira, perdendo muito espaço para o streaming, e o Cartoon, ao qual me juntei em janeiro daquele ano, não passou ileso ao terremoto que tais plataformas causaram. Para ter uma ideia, a Netflix já tinha no Brasil sua segunda maior base de assinantes, atrás apenas (e não muito distante) dos Estados Unidos. Os conteúdos brasileiros da Netflix estão no top 10 de conteúdos em língua não inglesa que mais performam globalmente,[1] e o crescimento dos serviços de streaming, somado aos custos da TV por assinatura, fez o segmento atingir um vertiginoso declínio.

---

1 Mariana Toledo, "Entre os conteúdos mais vistos na Netflix nos últimos seis meses, Brasil aparece entre os dez primeiros de língua não inglesa". *Tela Viva*, 13 dez. 2023. Disponível em: <https://telaviva.com.br/13/12/2023/entre-os-conteudos-mais-vistos-na-netflix-nos-ultimos-seis-meses-brasil-aparece-entre-os-dez-primeiros-de-lingua-nao-inglesa>. Acesso em: 16 set. 2024.

Em geral, grandes quedas costumam minar o apetite das empresas para investimentos e orçamentos em diversas áreas de um canal, incluindo a de campanhas publicitárias. E como adversidades não costumam caminhar sozinhas, ainda havia a necessidade de renovar os contratos de licenciamento de personagens. Para realizar isso, uma campanha seria bastante importante.

Licenciamento é a concessão do uso da marca e suas propriedades para outras empresas as utilizarem na confecção de produtos próprios. Sempre que você vê um lençol, uma mochila, um boneco, e por aí vai, com a imagem do Fred Flintstone, do Scooby-Doo, das Meninas Superpoderosas etc., é porque as empresas pagaram pelos direitos de usar esses personagens. Esse é um dos grandes ativos que um canal como o Cartoon Network pode contar como receita, já que possui uma vastidão de personagens de desenho animado. O Cartoon tem o próprio estúdio de produção, e o que é criado lá é 100% da companhia. Consequentemente, negócios derivados do uso desses personagens são uma linha incremental de receita.

No momento da nossa história, em 2018, tais contratos precisavam ser renovados. Para chegarmos mais bem posicionados à mesa de negociação, precisávamos mostrar o valor que os personagens tinham. Para isso, precisávamos "aquecê-los", mostrar que possuíam alta visibilidade, que eram interessantes para o público e, como resultado, interessantes para as empresas que contassem com os direitos de utilizá-los. Tudo isso significava que nós, eu e minha equipe, *precisávamos* encontrar uma maneira de montar a campanha, mesmo sem dinheiro.

Eu poderia considerar isso uma falta de sorte – chegar ao canal bem naquele momento –, mas, na verdade, desafios desse nível podem motivar a busca por soluções criativas e pelo autodesenvolvimento contínuo. Talvez toda a história tivesse se resolvido com a simples sabedoria popular: "O que não tem solução, solucionado está". Mas, felizmente, eu fui mordida pelo bichinho do desafio e queria muito achar uma alternativa.

Outra sorte sensacional (e outro conselho para quem deseja ter sucesso na vida) é que sempre contei com pessoas incríveis trabalhando ao meu lado. A head de marketing do Cartoon Network no

Brasil era a Renata Gasperoni. Temos aqui uma pessoa que, quando fala em fazer o bem ou em abraçar um desafio, não só o faz como deixa tudo ainda maior e melhor. Eu conheci a Renata buscando uma pessoa de marketing para o canal. Quando a entrevistei, na hora vi que era a pessoa certa para se sentar naquela cadeira.

Para compor uma equipe forte, tínhamos ao lado a Vivi Arias. Pense em uma pessoa criativa, que faz tudo ficar incrível, que conecta coisas aparentemente não conectáveis e faz elas parecerem almas gêmeas? Pois é, essa é a Vivi, que carinhosamente apelidei de "Estrelinha". Basicamente, uma pessoa sem limites para brilhar. Com essas duas potências, eu me sentia no trio das Meninas Superpoderosas, e isso, por si só, já era um passo a mais do que só vestir a camisa da empresa. Eu sabia que nada poderia nos deter, pois ainda contávamos com um time incrível nos apoiando.

Depois de muita troca e ideias, chegamos a um caminho que parecia resolver de uma só vez todos os problemas: acoplar os personagens do Cartoon Network em alguma campanha famosa e já estabelecida, na qual tudo o que precisaríamos fazer seria ceder as imagens de tais personagens e pronto: conseguiríamos publicidade rápida e gratuita! Porém, esse casamento tinha que acontecer de forma que gerasse valor significativo para a comunidade local. Talvez pelo cenário privilegiado que sempre esteve ao meu redor, utilizar algo que não é meu (como uma campanha já existente) só me deixaria confortável se fosse para gerar um bem maior, e não somente um gol corporativo.

O melhor projeto era, sem dúvida, a Campanha do Agasalho, uma das mais famosas campanhas nacionais de assistencialismo para prover agasalhos e cobertores para pessoas em situação de vulnerabilidade durante o inverno. Em São Paulo, ela é conduzida pelo Fundo Social, vinculado ao governo do estado. Juntando todos esses elementos, tínhamos uma causa nobre por meio da qual agregaríamos o valor de uma marca amada por crianças e adultos à sociedade.

Parecia uma saída incrível. O canal tinha um pilar de conteúdo chamado Movimento Cartoon, e poderíamos desenvolver a campanha dentro desse espaço que defende diversidade, acessibilidade e oportunidade... Basicamente, ajudar o mundo. Nós poderíamos, além de tudo, oferecer espaços na programação do canal para divulgar a campanha, de modo que haveria um bônus na exposição pelo enorme potencial de engajamento do nosso público: as crianças que engajariam suas famílias. Era o plano perfeito! Só faltava combinar com o outro lado.

A fórmula seria: causa nobre + personagens fortes + divulgação na TV + o time dos sonhos + Fundo Social. E naquele momento só faltava este último fator para fechar a equação. Por dois meses, telefonamos, deixamos recados, mandamos e-mails... e nada. Fiquei bastante frustrada porque queríamos oferecer força de divulgação, personagens incríveis e conhecidos de várias gerações para alavancar uma campanha muito relevante para a comunidade, e não obtivemos retorno algum. Via de regra, quando um canal de TV oferece suporte, todo mundo retorna, porque visibilidade é sempre bem-vinda e mídia em TV custa caro.

Passado todo esse tempo sem resposta, resolvi fazer um movimento audacioso, mas que não tinha certeza se funcionaria. Eu não estava disposta a jogar a toalha, e ainda tinha uma última carta na manga, guardada por meses. Em 2019, o governador de São Paulo, e a pessoa que em última instância aprovaria ou não aquela proposta de parceria, era ninguém menos que João Doria Jr., meu primeiro chefe, na época sócio de Arlette e Pedro Siaretta.

Liguei mais uma vez para o Fundo Social e, como vinha acontecendo há meses, caiu na caixa eletrônica. Só que, nessa ocasião, deixei um recado diferente.

"Aqui é a Adriana Alcântara, mais uma vez. Tento entrar em contato há meses com vocês e não recebo resposta. Pensei que talvez isso se deva a alguma desconfiança com relação ao nosso trabalho, então acho válido dizer que trabalhei diretamente com o João Doria há alguns anos e acredito que ele poderá comprovar a minha seriedade e comprometimento. Hoje é quarta-feira. Poderiam, por favor, me retornar até segunda-feira pela manhã? Só assim nossa proposta poderá ser viável. Agradeço a atenção."

Algumas horas depois, meu celular tocou. Adivinha? Era o Fundo Social. Nós agendamos a reunião para sexta-feira da mesma semana. Chegamos lá e havia um protocolo bastante rígido para a reunião. Eu nunca havia estado em um lugar com tanta formalidade, tantas salas de espera. (Parecia que estávamos nos reunindo na década de 1970.) No fim, o João não participou, mas enviou lembranças e disse que nos veríamos na próxima oportunidade. Mesmo sem ele, o time do Fundo Social ficou bastante animado com a proposta, bem diferente da impressão que tive perante a falta de resposta após todos os meus contatos. Fechamos a parceria ali mesmo.

A campanha saiu do papel com os personagens das séries *Ben 10* e *As meninas superpoderosas*. Além da sessão sem custo, o Fundo Social pôde contar com a propaganda na grade do Cartoon Network e com os nossos personagens espalhados por caixas de papelão em metrôs, prédios, farmácias, postos de vacinação, delegacias e em todos os lugares imagináveis – até mesmo nas transmissões de emissoras rivais.

Durante uma cobertura ao vivo da Rede Globo a respeito da Campanha do Agasalho, o câmera tentou desfocar (sem sucesso) a imagem dos nossos personagens, que estampavam as caixas e os pôsteres da campanha. Essa tentativa aconteceu não só pelo fato de a Globo ter como política não fazer propaganda indireta (e gratuita), mas também pelo Cartoon ser concorrente direto do Gloob, o canal infantil do grupo. Essa situação se repetiu de forma recorrente: sempre que havia um *flash* jornalístico sobre a campanha, ganhávamos visibilidade por tabela. Meu time e eu nos divertíamos ao ver os lugares surpreendentes onde nossos amados personagens apareciam.

Aquela foi a maior arrecadação da Campanha do Agasalho em seus 71 anos de existência. Foram 21,8 milhões de peças de roupas e mais de 90 mil cobertores (a meta estipulada era de 50 mil), distribuídos para 1.132 entidades em 221 municípios do estado.[2] Do nosso lado, tivemos uma das maiores exposições publicitárias da história do canal, tendo investido apenas 10 mil dólares para a produção do comercial feito em animação, que comunicava a campanha, e de uma

---

2 "Campanha do Agasalho 2019 tem recorde histórico de arrecadação". *Governo do Estado de São Paulo*, 23 set. 2019. Disponível em: <https://www.saopaulo.sp.gov.br/spnoticias/fundo-social-encerra-campanha-do-agasalho-2019-com-recorde-historico-de-arrecadacao>. Acesso em: 16 set. 2024.

arte estática, criados pela Vivi Estrelinha e equipe, que foi impressa nas caixas de arrecadação, cartazes, entre outros. Para quem achou o valor do investimento grande, saiba que ele é muito menor do que é gasto em qualquer animação de trinta segundos, acredite. E ainda trouxe um resultado de mídia espontânea de 2 milhões de dólares.

Qual foi o fator determinante para que essa fosse uma história de sucesso? O plano de marketing que criamos era, em si, à prova de balas. O único entrave parecia ser justamente o núcleo do governo responsável pela campanha. Assim, por mais perfeito que fosse o nosso projeto, ele ainda poderia ir por água abaixo pelo único fato de eles não atenderem telefonemas ou responderem aos e-mails. Será que foi providencial a sorte de eu ter tido uma relação profissional com alguém que, duas décadas depois, se tornou o governador?

Sim e não.

Sim, foi uma tremenda sorte poder dar aquela "carteirada" com o nome do governador. Por outro lado, o nosso projeto era tão bom que quando a "sorte nos sorriu", estávamos 100% prontos para sorrir de volta. Acredito que, se fosse em qualquer outra administração que não a do João Doria, o fim seria o mesmo: o governo do estado de São Paulo toparia a ideia. Eu certamente não teria o menor problema em tentar contato com o governador, fosse quem fosse, assim como fui atrás da dona do colégio quando tinha apenas sete anos para defender o que eu acreditava. E esse projeto não só fazia sentido para mim, como também para a comunidade, para o Cartoon e para a Turner – na época dona do canal e, atualmente, a Warner Bros. Discovery.

Talvez, no fim, aquilo que chamamos de sorte seja uma combinação de fatores. Quando penso na minha vida profissional através de uma visão panorâmica, vejo diversos dominós sendo derrubados em fileira, sendo o primeiro deles aquela tarde no Parque Ibirapuera. De certa maneira, seria possível reduzir esses episódios iniciais a lances de sorte. Mas, mesmo com sorte, a forma como agimos e fazemos as coisas se conectarem é indispensável para o resultado. O que chamamos de sorte é, de fato, aquilo que escolhemos fazer quando ela sorri para nós.

A sorte é apenas meio caminho andado

Em retrospecto, décadas depois, analisando com a maturidade dos meus cinquenta anos de vida, o *Walking Show* foi uma grande oportunidade que, de certa maneira, eu não tive maturidade para aproveitar ao máximo. Eu simplesmente era muito nova para assumir as responsabilidades subsequentes, só que eu abracei o momento mesmo assim. Isso acabou se tornando uma característica muito minha: ficar de olhos abertos, antenas ligadas para qualquer oportunidade que pudesse aparecer e eu conseguisse agarrar. Nunca disse que não poderia fazer alguma coisa, eu sempre pedia ajuda e aprendia – porque sorte sem ação não resulta em nada, lembra?

Ainda assim, minha dedicação e comprometimento estavam no nível esperado para uma menina de vinte anos que gostava de estar com os amigos, de ir a festas e de viajar com a turma. Se eu entendesse o tamanho daquela oportunidade, a sorte única que ela envolvia, certamente teria me dedicado ainda mais. Eu tinha todas as condições financeiras e emocionais, além de zero cobrança em casa, e isso subtraiu a pressão. Eu não sentia uma necessidade absurda de ter *a* melhor performance a fim de ir para um programa de mais visibilidade em uma emissora maior. Ao mesmo tempo, foi um dos empregos em que mais me senti realizada. Entrevistar pessoas tão diferentes, voltadas para o mundo criativo e artístico, é sensacional. Eu teria facilmente continuado a fazer aquilo a minha vida toda.

Só que, com meus vinte anos, eu queria experimentar outras coisas, e ainda havia muito para estudar e aprender. Acabei me despedindo do *Walking Show* para fazer matérias no programa *Perfil*, com o Otávio Mesquita. Embora não fosse um programa só meu, ia ao ar no SBT, uma emissora de maior visibilidade que a TV Gazeta. Fazia sentido profissionalmente, mas o conteúdo das matérias não me encantou tanto, e eu tampouco tinha participação nas decisões de pautas. Não foi uma mudança feliz.

Às vezes a nossa trajetória profissional é assim, infelizmente. Por outro lado, houve momentos em que eu era a pessoa certa, no momento e no lugar certos, e as únicas coisas que faltavam para alinhar todos os astros e conseguir um final feliz eram, justamente, um empurrão da boa e velha sorte e disposição para abraçá-la.

Mas isso contarei nos próximos capítulos...

Sorte
Renata Gasperoni

Quando a sorte aparece, você precisa estar pronto. Mas convenhamos, para estar pronto, também foi preciso ter sorte, certo?

Você nasceu em um lar que proveu oportunidades? Não precisou trabalhar desde muito cedo para ajudar no sustento de sua família, tendo tempo e condições de estudar? Então você teve muita sorte na largada.

Sorte, casualidade, coincidência... Muitos são os nomes que atribuímos a esse fenômeno. E minha história com a Adriana, autora deste livro, começou assim.

Eu estava trabalhando na Viacom havia pouco mais de dois anos e tinha encontrado, finalmente, uma sintonia afiada com o time de serviços criativos, muito por conta da competência e do profissionalismo de Julia Sellare, na época parte da equipe de produção do canal e uma pessoa que se tornou uma de minhas amigas mais queridas. Eu estava nas nuvens! Nossa parceria estava rendendo uma sequência vitoriosa de projetos e tínhamos uma dinâmica incrível.

Um belo dia, a Julinha me disse: "Rê, estou saindo. Vou para a Turner". E, embora eu tenha ficado muito feliz pela oportunidade que ela recebera, fiquei triste por nossa parceria de trabalho se encerrar ali.

Poucos meses depois, Julinha e Adriana, ambas já trabalhando na Turner, se encontram no carrinho do café de um escritório vazio, pois eram as únicas lá durante um feriado.

Um dos motivos de a Adriana estar na Turner naquele dia era porque estava sem alguém para liderar o time de marketing. O trabalho estava acumulado, e ela precisava urgentemente contratar um profissional para a posição. Foi então que a Julinha, ao escutar o que a Adri compartilhava, disse: "Tem uma pessoa que você precisa conhecer".

Foi assim: um capricho da sorte que as colocou no lugar e momento certo e que fez com que nos conectássemos, dando início à nossa história.

Depois de quatro anos trabalhando juntas, eis que o dito azar resolveu aparecer, e, nessa ocasião, tirou a Adriana do meu dia a dia. Depois de a Turner se tornar Warner Bros., e logo depois ser adquirida pelo grupo Discovery, passamos por uma reestruturação, e a posição dela precisou ser cortada. Foi um momento de muita fragilidade para todo o time; não estávamos perdendo apenas uma profissional incrível que tinha um papel impulsionador, mas uma líder que colaborou para o desenvolvimento de todos, alguém que servia como um alicerce para a equipe.

Para minha enorme alegria, depois de um tempo, nossas histórias voltaram a se cruzar no âmbito profissional – porque jamais deixamos de cultivar a amizade que construímos naqueles anos de Cartoon Network. A Adriana foi contratada para liderar a operação da Audible no Brasil e precisou montar um time local. Fiquei extremamente honrada com o convite para participar do processo seletivo e, depois de muitas entrevistas, fui convidada para liderar o time de marca e marketing de conteúdo.

Minha jornada até aqui me ensinou que a sorte é um bicho bastante coletivo. Ela quase nunca anda sozinha. Quando sorri para as pessoas que nos são queridas, sorri para a gente também. Afinal, mais do que estarmos preparados para quando a sorte bater, são os laços que nutrimos que nos abrem as melhores portas.

Renata Gasperoni atualmente atua como diretora de marca e marketing de conteúdo na Audible. Sua trajetória profissional de mais de vinte anos inclui passagens pela Warner Bros. Discovery, como gerente sênior de marketing no Cartoon Network, Viacom e The Walt Disney Company. Formada em publicidade e propaganda, Renata acumula experiência na gestão de times por meio de uma abordagem humanizada e com grande foco em resultados.

Conectando os pontos

- Sorte sem ação não resulta em nada. Precisamos aproveitar as oportunidades que surgem em nosso caminho e as transformar em acontecimentos concretos.
- A sorte coloca pessoas incríveis no nosso caminho, que nos ajudam a construir o sucesso, mas cabe a nós cultivarmos e fortalecermos essas conexões.
- A forma como agimos e fazemos as coisas se conectarem é indispensável para transformar a sorte em resultado. No final, aquilo que chamamos de sorte é, de fato, aquilo que escolhemos fazer quando ela sorri para nós.

E agora é a sua vez!

A sorte é imprevisível, mas podemos nos preparar para abraçá-la quando ela bate à nossa porta. Para isso, gostaria de deixar um pequeno exercício de reflexão para você – ele é um bom ponto de partida para mapear um plano de ação e colocá-lo em prática assim que a sorte sorrir para você. Vamos lá?

1. Liste aqui uma meta profissional que você quer cumprir nos próximos meses:

2. Quais são três coisas que precisam acontecer para que esse objetivo seja alcançado?

3. Quais ações estão ao seu alcance para fazer os itens anteriores acontecerem?

4. Quais são suas conexões que podem ajudá-lo nessas tarefas?

COMPARTILHE SUAS RESPOSTAS #CONEXÕES

CAPÍTULO 2

Confiança

Geralmente, a primeira coisa que vem à cabeça quando se usa a palavra *confiança* em um texto relacionado à vida profissional é a ideia da autoconfiança, uma característica quase indissociável quando o assunto é uma carreira de sucesso. Não é o caso aqui. A confiança à qual me refiro é a original, aquela direcionada ao outro. Talvez ela até seja confundida com segurança. Quando estamos seguros, é porque temos confiança em quem está ao nosso redor. É sobre essa confiança que falaremos aqui.

Carrego comigo que esse sentimento é a base para desenvolver relações saudáveis, sejam elas familiares, afetivas ou profissionais. Para mim, é impensável trabalhar em um lugar – uma vez que passamos a maior parte do dia no nosso emprego – em que não se tenha uma relação de confiança com os demais. Confiança se refere a você se sentir confortável para colocar seus pontos de vista, de não estar no seu melhor humor ou com a mesma dose de paciência todos os dias, de poder errar e acertar junto. Passamos muitas horas com as pessoas com as quais trabalhamos, e eu não teria condições psicológicas de performar se não me sentisse segura. Vejo que a confiança é necessária para fluir a criatividade – e sem criatividade não há desenvolvimento. Seja qual for a área, é ela a semente que faz com que pensamentos diferentes sejam testados e, através de erros, acertos e refinamentos, haja uma evolução.

Ao longo do tempo, percebi que sempre busquei por esses elos, assim como eu não tenho sombra de dúvida de que as minhas con-

33

quistas profissionais só foram concretizadas pela possibilidade que tive de confiar nas pessoas ao meu redor. Fui sempre muito privilegiada nesse sentido.

Eu já estava estagiando no *Walking Show* havia cerca de um ano quando, certo dia, cheguei ao escritório e fui informada de que a Daniela Barbieri não apresentaria mais o programa. Ela havia gravado um comercial para uma marca de cigarro, algo que seu contrato não permitia. De acordo com os patrocinadores, ela não poderia associar sua marca pessoal, sua imagem ou voz a marcas de bebida, tabaco e afins. Marcas de tabaco geravam estigma, e ator que tivesse sua imagem vinculada a uma delas seria barrado de trabalhos para marcas que se posicionavam de maneira mais tradicional. Para que um ator aceitasse fazer um comercial para uma marca de cigarro, o valor pago deveria compensar os demais potenciais trabalhos que ele deixaria de lado. Na época, a publicidade no Brasil pagava cachês altíssimos, e a tal marca era um grande cliente. Quando eu digo "altíssimos", refiro-me a atores comprando apartamentos com um ou dois cachês publicitários, algo bem distinto do salário fixo como apresentador de TV. Não sei o que eu teria feito no lugar da Daniela, só sei que a decisão dela acabou mudando, em uma terça-feira como qualquer outra, o rumo da minha carreira.

Naquele dia, estavam agendadas duas gravações que montariam o programa da semana, e estávamos sem a nossa apresentadora. Complicando mais um pouco as coisas, não podíamos reprisar algum programa antigo que tivesse a presença da Daniela. Dada a situação jurídica, nada, nem a chamada que anunciava o programa, o dia e horário, poderia ir ao ar.

Era preciso uma solução para o problema, e cabia à produção encontrá-la. Buscamos quem poderia ser a imediata substituta. Ligamos para algumas pessoas – Marisa Orth, Gabriela Duarte, Carolina Ferraz, Solange Frazão –, mas ninguém tinha disponibilidade de tempo ou contratual para assumir a empreitada. Tentamos pessoas de perfis totalmente diferentes, dado o nível do nosso desespero. Mas é engraçado pensar que qualquer uma delas, se tivesse disponibilidade, poderia naquele dia assinar um novo contrato como apresentadora do *Walking Show*.

"E se a gente colocasse a Adriana para apresentar?", a sugestão veio do Carlito Camargo, diretor do programa.

O Carlito tinha toda a minha admiração. Estudou na Universidade de Nova York e voltou ao Brasil com um preparo incrível, além de ser animado. O tipo de pessoa que conversa sobre qualquer assunto, que é acessível e superinteligente. Quando conversava comigo, ele dizia que eu não parecia ter apenas vinte anos. Minha autoestima ia lá no alto por ele achar que eu tinha algo interessante a dizer. Carlito já tinha uma carreira de respeito, enquanto eu estava apenas engatinhando, ainda na faculdade.

Sua sugestão sobre eu apresentar o programa foi para Fernanda Lauer, nossa produtora-executiva multifunções. A pergunta vinha com certo risco. A Fernanda confia no mundo, em todos que estão nele e no universo. Sempre olha somente o lado bom das coisas, está sempre rindo, disposta e disponível. É daquelas pessoas em quem você confia um segundo depois que a conhece. Talvez a melhor maneira de a descrever seja dizendo que ela não fica brava com nada, raras foram as vezes em que a vi de mau humor, e acredito que ela seja impermeável a preocupações. Fernanda é aquela pessoa que põe todo mundo embaixo da asa e cuida como se fosse sua cria. Logo, diante da sugestão do Carlito, ela topou.

Os dois me chamaram para uma reunião e achei que seria mandada embora. *Acabou o sonho*, pensei. Como o programa ia continuar e o que mais eles teriam a me oferecer para fazer na produtora? Mas eu estava enganada.

"O que você acha de apresentar o programa?", perguntou a Fê.

Eu só fiquei sabendo tempos depois, mas eles haviam combinado que, se eu demorasse mais de um minuto para responder, não seria a pessoa certa para colocar na frente das câmeras.

Eu disse "sim" em menos de um segundo.

Os dois se entreolharam e em um diálogo silencioso devem ter concluído que talvez, no final das contas, as coisas pudessem dar certo. No mesmo instante, já organizamos o nosso plano de ação: eu teria que ir ao cabeleireiro para cortar o cabelo, fazer uma escova e tudo o que era possível no espaço de algumas horas para me tornar uma apresentadora "apresentável". O ponto mais sofrido para mim foi cortar o cabelo. Para a adolescente que amava aquele cabelo estilo Rapunzel, doeu um pouco. E assim foi: com dez centímetros a menos do cabelão e com a mesma roupa com que fui trabalhar de manhã como produtora – uma saia xadrez de lã e um suéter de gola rulê preta –, saímos com a equipe para gravar a minha primeira matéria. Tínhamos o Ney, que era o cinegrafista; o Julinho, operador de áudio; o Alemão na luz e o Edson como motorista. E, claro, a Fernanda, que era a chefe e tinha mais maturidade que toda essa turma junta, que mais pareciam crianças de dez anos em uma van de excursão escolar.

A primeira matéria foi gravada à tarde, e era uma entrevista com ninguém mais, ninguém menos que Oswaldo Montenegro, que estava com o musical *Noturno* em exibição. Eu já havia assistido à peça, pois uma amiga dos tempos de balé, Fernanda Safadi, fazia parte do elenco, e isso me deu mais contexto da peça. Além disso, me senti tão confortável com o Oswaldo que me esqueci de direcionar o microfone da maneira correta. Fiz a primeira pergunta no improviso – já que naquele dia, em vez de fazer a pauta, tive que cortar o cabelo e me preparar para minha nova função. Falar sobre musical, dança e teatro é tudo o que eu mais amo, e era pedir demais que eu começasse a vida como apresentadora com esse presente e querer que eu prestasse atenção ao microfone ao mesmo tempo. Ainda fizeram um ensaio geral – que na prática foi uma apresentação exclusiva para nossa equipe – para pegarmos imagens da peça. Achei aquilo o máximo. Foi ótimo, pois as imagens salvaram na edição as minhas gafes do microfone perdido, enquanto eu me deslumbrava com o decorrer de uma terça-feira que eu jamais imaginaria.

Antes de ir embora, Fernanda tirou uma foto minha com o Oswaldo. Ela tinha esta mania: mesmo sem as facilidades de celulares e máquinas digitais, ela era a louca das fotos e foi responsável por documentar todos os meus dias de gravação, desde aquele primeiro.

A segunda matéria foi em uma casa noturna sobre o lançamento do VHS do Giovane, do vôlei, ídolo nacional após conquistar a medalha de ouro nas Olimpíadas, em 1992. Ao contrário da primeira matéria, eu nunca tive interesse em esportes, sempre fui das artes. Não tinha a menor ideia do que perguntar naquela situação. O evento estava cheio de jornalistas, programas de TV, e eu era a novata no meio daquela multidão de experientes da mídia. Mas a Fernanda, obviamente, teve uma ideia:

"Ele vai dar uma coletiva de imprensa, a gente anota as perguntas, e depois, para o programa, você o aborda e faz as mesmas perguntas que fizeram na coletiva", me disse ela, que sempre acompanhava as gravações nos locais.

Acho que a razão dessa ideia da Fernanda – além de eu não ser repórter e aquela ser minha estreia na televisão – era me manter tranquila na gravação da entrevista, pois eu já saberia as respostas. Fez sentido e funcionou muito bem, pois logo depois eu saí andando pela boate e estava muito à vontade para abordar aleatoriamente as pessoas e fazer umas perguntas bem genéricas: "Você gosta de vôlei?", "O que você acha da carreira do Giovane?", e por aí vai. Eu nunca interrompia a resposta, pois pensava que quanto mais o entrevistado falasse, menos *eu* tinha que falar. Eu não tinha experiência para uma conversa mais fluida, era muita coisa ao mesmo tempo na mente.

Depois, as gravações foram para edição e o querido Fernando (ou Dog, como era conhecido na produtora) foi o responsável por consertar na ilha toda a minha inexperiência. Eu me sentei ao lado dele e ríamos dos descuidos, que eram muitos. Ao mesmo tempo que se divertia, ele foi me dando toques do que não fazer mais. Cada ensinamento foi feito com leveza e assertividade, o que me levava a me sentir cada vez mais segura no local de trabalho. Parecia que eu estava em uma sala de aula, só que meu trabalho final iria ao ar no sábado daquela mesma semana, e em rede nacional.

Depois do milagre feito na ilha de edição, fui para o estúdio gravar as aberturas e os encerramentos das matérias, que eram feitos em fundo infinito. Ali foi a vez de o Carlito Camargo me dirigir. Eu acompanhava a Daniela Barbieri em todas as gravações naquele mesmo estúdio e era inacreditável pensar que estava no lugar dela. Lembro-me do Carlito me dizendo para olhar bem fundo na lente da câmera, como se estivesse mirando o fundo dos olhos de alguém que eu amasse muito.

No estúdio, eu não tinha que me preocupar com o texto, porque estava lendo teleprompter (TP), aquele equipamento que projeta textos em um monitor, auxiliando apresentadores a conduzirem suas falas sem a necessidade de memorizar tudo. Os modelos mais antigos de TP utilizavam a famosa técnica do espelho, refletindo a imagem original com a escrita invertida, assim, quando era projetada no próprio aparelho, as frases eram exibidas corretamente.

Porém, ali tive outro desafio. Nos primeiros *takes*, minhas sobrancelhas se movimentavam demais e parecia que eu estava fazendo caretas. Carlito fez com que eu me assistisse no monitor para entender o que estava acontecendo. Acho que ninguém gosta de se assistir na TV quando é inexperiente. Para mim, foi um susto, mas muito essencial. A gente precisa enxergar os erros para se sentir preparada e, enfim, resolvê-los. Até eu conseguir focar o que precisava melhorar, foram vários *takes*. Depois de uma hora, eu estava afiada. As sobrancelhas a postos, leitura de TP sem caretas e pronto! Mandamos em um ou dois *takes* todas as aberturas e encerramentos, inclusive a chamada do programa, aquela que convida as pessoas, informando o dia e a hora. Na verdade, não sei se aprendi a ler o TP sem fazer caretas ou se àquela altura eu já havia decorado o texto de tanto repeti-lo... Agradeço imensamente a paciência do Carlito e da equipe no estúdio naquele dia.

Editado em sua versão completa, o programa seguiu para a aprovação do João Doria Jr. Na prática, não sei se o João tinha a opção de não gostar do que assistia. Havia patrocinadores em jogo, um processo entre a produtora e a antiga apresentadora, e um espaço já comprado na emissora para ser preenchido. Obviamente, na época, eu não juntei todas essas peças, apenas fiquei feliz pela oportunidade e pelas pessoas, em quem eu tinha muita confiança, me dando suporte. Afinal, aquela "loucura" só deu certo porque eu podia confiar e me sentir segura na equipe.

Na quinta-feira, levei a fita das gravações até a TV Gazeta, na avenida Paulista. No mesmo dia já começaram as chamadas nos intervalos comerciais do canal, o meu rosto aparecendo em meio a entrevistas com celebridades na noite paulistana.

O único problema foi contar tudo isso em casa. Como explicar para o meu pai que a filha dele agora passaria algumas noites da semana indo para baladas entrevistar celebridades, pois esse era o grande foco do programa? Ainda mais que a minha cara de menina aparentava mais dezessete do que vinte anos de idade – e não foram poucas as vezes que tentaram me barrar por acharem que o meu documento de identidade era falso. Nessas ocasiões, a Fernanda tinha que intervir e falar: "Ela é maior de idade e apresentadora do programa *Walking Show*".

Em um misto de nervosismo e felicidade, contei em casa como havia sido minha semana. Meu pai nunca foi muito fã da minha paixão pela televisão, mas ele sempre deu muito valor ao ato de trabalhar. Pode não ter sido a carreira que ele imaginou, mas me disse que estava feliz em ver que eu estava evoluindo, aprendendo e levando o trabalho a sério. Na cabeça dele, trabalhar significava ter horário certo, obrigações claras e uma rotina rígida. Então dá para entender por que ele não entendia muito a dinâmica de um programa de TV. Mas o acordo era: desde que eu não fosse mal na faculdade, poderia fazer o que achasse que valeria a pena fazer – com juízo. Meu pai confiava em mim, e eu confiava nele, e isso sempre trouxe segurança para a nossa relação como um todo, inclusive no quesito profissional. Subimos juntos para o andar de cima do apartamento e ligamos a TV na Gazeta. Depois de uns vinte minutos, vimos juntos a chamada pela primeira vez. Lá estava eu, com aquela mesma gola rulê preta com a qual saí para trabalhar na terça-feira, achando que seria um dia como outro qualquer.

Quando gravei a abertura do programa no início do estágio – em que apareciam as minhas pernas, com o "corpo" da placa –, a revista *Veja* me colocou como destaque no Terraço Paulistano, uma área da revista que mostrava curiosidades, sob o título "As pernas de Daniela Barbieri".[3] Com aquele gancho, a minha entrada no *showbiz* como apresentadora também não passou despercebida, sendo digna

---

3 "As pernas de Daniela Barbieri". *Veja*, São Paulo, pp. 8-9, 30 mar. 1994.

de uma nota da *TV Folha* que continha duas frases. A primeira noticiava que eu era a nova apresentadora do programa, já a segunda dizia o seguinte: "Há uma semana, a modelo – dona das pernas que desfilam na abertura do programa – substitui Daniela Barbieri".[4] Não era exatamente um desfile, mas as minhas pernas, que dançavam a música "I Wanna Dance with Somebody", de Whitney Houston, na abertura, agora estavam também com rosto e voz!

A maneira como virei apresentadora de televisão de uma hora para a outra poderia muito bem ser tomada como uma demonstração de incrível confiança da minha parte em aceitar o desafio. Isso em parte é verdade. Mas não era em mim que eu confiava, e sim nas pessoas ao meu redor. Eu estava lá há menos de um ano, mas minhas ideias eram ouvidas. As pessoas se importavam umas com as outras e queriam ouvir a opinião dos colegas. Quando nos reuníamos para decidir o que seria gravado na próxima semana, todos, inclusive o João Doria, me perguntavam: "O que você acha dessa ideia? Se sente confortável em levarmos adiante? É um tema que acha relevante?".

Veja a importância disso: com esse tipo de postura, eu me sentia valorizada, mesmo quando minha sugestão não era acatada. Não precisamos estar certos todas as vezes, mas precisamos ser ouvidos. Isso faz com que a segurança no ambiente corporativo cresça. Tendo ou não familiaridade com as pautas, eu tinha confiança na equipe. Eu tinha um diretor extremamente acolhedor, uma produtora que estava comigo em todo lugar e que cuidava de mim, um editor que era muito caprichoso com o material que produzíamos. No fim, eu acho que meu quinhão era muito pequeno em comparação ao trabalho de todas essas pessoas. E outro ponto importante: quando até os problemas mais complexos são resolvidos com coletividade e sem desespero, é impossível não existir confiança.

---

4 "Modelo apresenta '*Walking Show*'". *TV Folha*, 28 ago. 1994.
Disponível em: <https://www1.folha.uol.com.br/fsp/1994/8/28/tv_folha/1.html>.
Acesso em: 19 set. 2024.

Nesse processo, pude conhecer pessoas incríveis, como Julia Lemmertz, Alexandre Borges, Raul Cortez, Fúlvio Stefanini, Osmar Santos, Guilherme Arantes, Arnaldo Jabor, Leonardo Senna, Manabu Mabe, Gisele Bündchen, Serginho Groisman, Otávio Mesquita e o diretor da Globo, Roberto Talma – inclusive, no futuro, eu trabalhei com esses dois últimos –, entre tantas outras, celebridades ou não. Além dos eventos noturnos, tive a oportunidade de pular de parapente, fazer curso de mergulho, montar a cavalo e tantas outras aventuras.

E quem me acompanhava sempre era a Fernanda, que virou minha irmã mais velha. Ela cuidou de mim durante os dois anos em que apresentei o *Walking Show*. A Fernanda costumava fazer lanchinhos para eu comer – ela mesma, em sua casa, pois o orçamento do programa era enxuto até para isso. Nos dias de frio, ela jamais se esquecia de levar um cobertor para mim, e não foram poucas as vezes em que dormi no colo dela depois de encerrar as gravações. Essa relação se transformou em uma amizade duradoura. Tínhamos várias gravações de final de semana, então ficávamos muito tempo juntas. Ela fazia jantares em sua casa, e eu imaginava que, quando morasse sozinha, minha casa seria como a dela. Sempre tinha biscoitos recheados para comer a qualquer hora. Ela sempre fazia comidas gostosas e, vira e mexe, convidava a equipe toda para jantares deliciosos.

Aliás, mais um aspecto na construção da confiança: eu adorava socializar com minha equipe fora do trabalho. Isso não é comum no mundo corporativo, mas eu achava natural. Eu me sentia adulta, madura, importante. Usava um pager, em uma época que os celulares ainda não eram acessíveis, para a produção me avisar de matérias de última hora, e ele reafirmava minha sensação de indispensável no trabalho. Eu retribuía sempre dando o meu melhor e confiando na equipe de olhos fechados.

Essa não foi a única vez em que expandi os relacionamentos para além do ambiente de trabalho, e essas situações podem ter formas diferentes de chegar a um lugar em comum...

A confiança se fortalece junto com suas conexões

Eu acredito muito em primeiras impressões, especialmente nas que eu causo. Ao chegar à Nickelodeon como coordenadora sênior de produção, assumi o lugar de uma antiga profissional que havia saído e era adorada pelo time. Comandando a turma que ficou, estava a Luísa Fernandes. Uma menina pequena, com cara de brava, e que sabia como as produções funcionavam, bem como todos os seus processos, do início ao fim. Ela tinha um semblante que fazia todos do time a respeitarem muito.

Segundo a própria Luísa, eu tenho uma lembrança muito mais vívida da situação do que ela. Em sua visão, existiu um desconforto inicial, mas a virada de chave não demorou para acontecer. Mas na minha memória emocional, o ar de desconfiança que encontrei parecia mais uma barreira fortificada, com estacas pontiagudas e arames farpados. Um obstáculo que eu precisaria vencer. É um relato um pouco dramático, eu sei, mas é apenas mais um indicativo de como eu tenho a *necessidade* de estar em um ambiente de confiança entre todas as partes – ou, no mínimo, entre os que estão sob a minha liderança.

Passado esse mal-estar, no entanto, ficou óbvio que nos tornaríamos grandes amigas. Éramos muito parecidas na maneira de trabalhar. Uma forma muito cartesiana e séria, apesar dos vinte e poucos anos de idade, de lidar com os problemas diários que apareciam. Éramos mulheres jovens que precisavam se provar a todo instante no mundo corporativo, que aproveitavam toda e qualquer oportunidade no caminho e que acreditavam no trabalho. Portanto, dávamos o nosso melhor. Éramos extremamente metódicas, organizadas, comprometidas e perfeccionistas. Momentos de descontração precisam existir, mas o profissional deve ser levado a sério.

Essa é uma receita bombástica para normalizar algumas situações inaceitáveis. Não que as outras pessoas da equipe, todas muito jovens também, não tivessem profissionalismo, mas eu sinto que o compromisso que nós duas tínhamos em fazer muito bem aquilo que precisávamos fazer nos aproximou. Quase não havia limites para o que estávamos dispostas a executar, a fim de não deixar a peteca cair.

Nos unimos no trabalho e na vida pessoal, uma relação sempre alimentando a outra. Passamos a nos ver nos finais de semana. Passávamos tanto tempo trabalhando que acabávamos falando do que íamos fazer nos dias de folga. Quando percebíamos, havíamos juntado as agendas, comprado ingressos para o teatro, combinado almoços e jantares. Saber dividir o profissional e o pessoal, mas, ao mesmo tempo, aproveitar o melhor de ambos, é a chave para construir conexões no mundo corporativo. Eu e Luísa conhecemos a família uma da outra, abrimos o coração para nossos problemas pessoais e, embora trabalhássemos longas horas, achávamos tempo para nos divertir nas horas vagas.

O fato de termos um chefe difícil também fortaleceu a nossa união, pois precisávamos driblar as dificuldades reais e as que eram enviesadas e exageradas por ele. Juntas éramos mais fortes, e com isso nosso vínculo de confiança também se fortaleceu a cada dia. Quando digo "um chefe difícil", falo de uma pessoa com humor extremamente volátil. Um dia estava tudo bem, e no outro tudo que estava bem era um problema. Nesse cenário, vivíamos tensas, sem saber como seria o dia de trabalho, pois ele dependia de estados de espírito não relacionados a entregas e resultados corporativos. Muitas vezes o volume de horas trabalhadas não era aceitável, o tom de voz não era adequado, nem a forma como éramos tratadas, mas não sabíamos disso, ou simplesmente não contestávamos. No meu caso, acho que a questão dos constantes privilégios normalizava tudo que acontecia.

Uma das nossas histórias clássicas foi quando eu precisei trancar um entregador da FedEx em uma sala. É exatamente isso o que você leu. Confesso ter realizado um sequestro.

Para entender essa história, é preciso entender os contextos em que tudo se passou. No início dos anos 2000, o processo de transmissão dos nossos programas acontecia da seguinte maneira: todas as filmagens eram gravadas em fitas que, depois de editadas, eram enviadas uma vez por semana via FedEx para os Estados Unidos. Mesma dinâmica da fita do *Walking Show*, só que a da Nickelodeon precisava cruzar o hemisfério e ir para o escritório em Miami, onde o nosso *headmaster* assistiria à produção. Outra fita seguia para Nova York, que era responsável pela transmissão via satélite dos programas. Era um processo sem margem de erro. Se não conseguíssemos colocar aquela fita no correio até tal dia, não haveria programa para ir ao ar.

Isso já chegou a acontecer, acredite se quiser, por causa de furacões nos Estados Unidos e na região do Caribe que impediram a chegada do avião com a fita. Nessas situações, o canal colocava episódios antigos no ar. Mas mesmo nessa imprevisibilidade de eventos naturais extremos, quando todos estavam cientes do acontecimento, havia muita reclamação dos anunciantes e da audiência. Agora, quando a falha era humana e levando em consideração o chefe que tínhamos... Bom, digamos que não era uma situação pela qual estávamos dispostas a passar.

O segundo contexto é que uma vez por ano nós realizávamos o evento Meus Prêmios Nick. Nos Estados Unidos, essa premiação é chamada de Kids' Choice Awards, e nela as crianças elegem os vencedores de várias categorias, como melhor desenho, melhor ator, melhor atriz, melhor comercial, melhor apresentador, melhor banda, melhor cantor – tudo na visão mirim. Era como se fosse um Oscar infantil, e a premiação era entregue em um grande show, cheio de talentos, que era primeiro gravado e depois ia ao ar na semana do Dia das Crianças, em outubro. Esse programa trazia um percentual alto da receita de anunciantes do canal, e com isso a cobrança era muito alta em qualidade e resultado, pois a intenção era sempre renovar os patrocínios de um ano para o outro, além de trazer apoios adicionais. O show era montado no Playcenter ou no Hopi Hari, e o parque da vez ficava fechado apenas para convidados do canal e dos patrocinadores no dia dos Meus Prêmios Nick.

Era um evento que passávamos o ano inteiro organizando, em paralelo à produção da programação normal. Para ter uma ideia do tamanho do negócio, nós passamos cerca de duas semanas virando madrugadas, só editando e lapidando todo o conteúdo que iria ao ar na TV, enquanto, para um programa tradicional, seis horas de edição já seriam suficientes.

Eis que no último dia, quando estávamos fazendo as cópias para as fitas BETA que seriam enviadas aos Estados Unidos, tivemos um problema.

Os programas eram editados em baixa resolução para não comprometerem a limitação de memória e a rapidez do equipamento. Depois que o programa estava editado assim, apenas as partes usadas na versão final eram passadas para alta resolução, a ser finalizada para ir ao ar. Na época, a logística era toda manual, e as fitas da gravação ficavam guardadas a sete chaves até que o programa fosse para a FedEx e tivéssemos certeza de que não precisaríamos mais delas. Nesse momento, elas eram liberadas para serem reutilizadas em outra gravação. Tudo bem diferente da tecnologia que temos atualmente.

Eu não sei o que aconteceu naquele dia, mas uma das fitas foi reciclada e apagada antes de o programa ser passado para alta resolução. Sem a fita da gravação, teríamos que retirar os segmentos usados naquele programa editado e substituir por partes das fitas que ainda tínhamos guardadas. Esse processo consumiria um tempo extra que não tínhamos, é claro. Foi então que a recepção nos ligou dizendo que o funcionário da FedEx havia chegado, mas o programa não estava pronto para ser enviado – ainda estávamos no processo de cópia de uma gravação de uma hora e meia, e diferentemente de como ocorre na nossa era digital, isso não é algo que acontece com rapidez.

A primeira solução foi ganhar tempo. Pedimos para ele esperar um pouco, pois estávamos "quase" terminando. Ele não gostou muito da ideia, pois também tinha os próprios horários a cumprir. Já a segunda solução foi um pouco mais drástica...

"Luísa, faz o seguinte: você fica na ilha e toca essa edição com o pessoal e eu vou oferecer um café para o cara da FedEx e o tranco na sala de produção", falei. Não me recordo muito bem do que ela me respondeu, mas tenho quase certeza de que algo como "você é louca" e "vamos ser presas" estava contido na frase.

Eu poderia ter implorado ao entregador, pedindo-lhe mais um tempinho para que terminássemos de resolver o problema?

Eu fiz isso, mas não deu certo.

Eu poderia ter aceitado a tragédia e depois explicado aos nossos superiores que o maior evento do canal, o qual passamos o ano inteiro organizando e que seria televisionado para o mundo inteiro, não seria transmitido por conta de um problema técnico e que não tínhamos culpa alguma na situação?

Até poderia, mas sei que não daria certo.

"É o único jeito", eu decretei.

E foi o que fizemos: o rapaz entrou para um café e, sem perceber, foi trancado na sala. Na minha lembrança, não foi mais do que cinco minutos, mas tenho certeza de que durou mais tempo. Quando enfim terminamos, sequer checamos a masterização, pois corríamos o risco de o entregador se recusar a entregar a fita se demorássemos ainda mais para libertá-lo. (Aliás, foi exatamente o que ele disse quando abrimos a porta e ele saiu de lá espumando de raiva. Talvez tenha sido o desespero em nosso rosto que o convenceu do contrário.)

Analisando hoje, o que eu fiz foi um desrespeito com o entregador, que não tinha culpa alguma e que com certeza tinha mais tarefas a cumprir. Mas no cenário em que nos encontrávamos, foi a única solução viável para nos salvar. Nós nunca mais o vimos, mas quero deixar registrados aqui os nossos agradecimentos e sinceras desculpas pelo inconveniente.

Confiança
Luísa Fernandes

Era início de 2002, eu era assistente de direção na Nickelodeon há cerca de um ano quando a Drica chegou para coordenar o time. Éramos muito jovens, e a sintonia não foi imediata.

Vínhamos de mundos e formações muito diferentes; a Drica já tinha uma bagagem um tanto robusta para seus 27 anos; já eu, aos 23, ainda engatinhava.

Não sei dizer ao certo quando essa conexão se deu, mas o fato é que ela foi se tornando uma referência profissional muito forte.

Tínhamos uma rotina intensa de gravações, convivíamos dez, doze horas por dia, e a Drica sempre foi muito generosa, uma parceira do time, sagaz nas resoluções.

Em poucos meses, já tínhamos uma ligação forte de confiança e amizade. E tamanha era a proximidade que oito meses depois eu me casei e ela foi minha madrinha de casamento!

Dessa época levamos muitas histórias, como a da FedEx, que a Drica conta em seus relatos, e as infinitas madrugadas na ilha de edição. Entre um *render* e outro (momento em que, na máquina de edição, o material bruto passa para alta resolução e não nos resta muito a fazer a não ser esperar o processo terminar), ela juntava duas cadeiras duras e ali adormecia, e eu me perguntava: "Quem consegue dormir nessas condições?!".

Aliás, adaptabilidade é uma das caraterísticas marcantes dela, se moldar ao que as situações oferecem e extrair dali o melhor. São tantas histórias incríveis dessa época, mas tivemos também episódios terríveis. Em tempos em que não se falava de assédio ou segurança no trabalho, fomos vítimas de dezenas de episódios abusivos. Apesar dos percalços, seguimos de mãos dadas, aceitando um monte de coisas que não sabíamos nomear e que só mais tarde pudemos pensar sobre.

A nossa vida profissional e pessoal foi se misturando cada vez mais. Em 2006, tive minha primeira filha, Nina, que também se tornou afilhada da Drica.

Trabalhamos em outras ocasiões juntas, e sempre aprendi demais com ela, sempre fui incentivada a produzir o meu melhor, a olhar com atenção para o meu potencial e desenvolvimento.

Há mais de dez anos, seguimos caminhos profissionais diferentes sem nunca nos perder de vista, mesmo morando em cidades diferentes por mais de meia década, e isso se deve, em grande parte, ao poder agregador que a Drica tem e à sua capacidade de manter vínculos.

Em 2011 tivemos filhas praticamente juntas e, desde bebês, Clara e Vicky também se tornaram melhores amigas.

A Drica construiu uma carreira executiva sólida, rodou o mundo e está sempre motivada por desafios. E faz isso com humildade e generosidade sem fim, de modo que, por onde ela passa, cria conexões que perduram.

Aos cinquenta anos, vejo a Drica como um girassol que cresce sempre na direção da luz, buscando o melhor de si e do outro. Acho que é nessa luz que nos encontramos.

> **Luísa Fernandes** é mãe da Nina, da Clara e do Chico (um pet muito amado), e companheira do Renato há mais de vinte anos. Canceriana de carteirinha, mora em São Paulo, é apaixonada por literatura, comida boa e encontros com amigos além de ser viciada em podcasts e bons cafés. No audiovisual, encontrou sua paixão profissional, e como diretora artística, especializada em conteúdo de educação e transmissões ao vivo, está sempre em movimento e em constante aprendizado.

Uma rede de segurança que construímos a várias mãos

O principal ponto da confiança é a rede de segurança que criamos em equipe. Isso acaba fornecendo uma base mais confortável para você arriscar, inovar, errar, porque terá a proteção das suas relações de confiança.

Não acho que exista uma fórmula mágica para criar esses vínculos que tanto nos ajudam a galgar a escada do mundo corporativo, mas alguns ingredientes ajudam muito. Transparência, sinergia e empatia sempre dão bons resultados.

Transparência significa mostrar que você, mesmo sendo líder, não sabe tudo, e que seu time pode saber mais que você em vários assuntos. Afinal, somos resultado de um repertório que é único de cada um. As situações que passamos, a família que temos, nossos interesses pessoais. Sempre vale a pena ouvir o outro. Também vale para mostrar nossa vulnerabilidade. Ser transparente quando não sabemos a resposta e quando erramos é muito poderoso, e dar ao outro a oportunidade de ajudar, mesmo você sendo o chefe, pode ser transformador.

A sinergia entra quando, graças à transparência, encontramos pontos em comum em pensamentos, modo de ser e de trabalhar – essenciais para seguir crescendo como equipe de forma saudável.

A empatia é a capacidade de se colocar no lugar do outro. O ponto de partida é entender que ele é um ser humano e que existe todo um contexto ao redor daquele profissional. Estar aberto a ouvir que ele não está bem, que está com uma preocupação na família, por exemplo, aproxima muito o profissional do pessoal. Isso permite que nós, líderes, fiquemos mais confortáveis ao compartilhar quando for a nossa vez de não estar no melhor dos dias. Afinal, todos temos momentos bons e outros nem tão bons assim, e é só por meio desse processo empático que conseguimos fortalecer as nossas conexões.

Tive a felicidade de encontrar pelo caminho muitos seres humanos inspiradores e abertos a me receber em uma equipe ou a fazer parte do meu time. Como uma dança, acho que consegui acertar o passo com muita gente que, em grande parte, segue conectada à minha história profissional e pessoal.

Hoje, enquanto escrevo este livro, tenho o privilégio de ter como chefe uma mulher admirável em quem confiei desde a minha primeira entrevista para o cargo que ocupo, de diretora-geral da Audible no Brasil: a Susan Jurevics. Nesses quase dois anos de estrada juntas, Susan demonstrou grande confiança em mim.

Diferente dos dois exemplos que compartilhei anteriormente com a Luísa e a Fernanda, nos quais construímos nosso elo de confiança aos poucos, com a Susan foi imediato. Talvez por ambas estarmos com mais maturidade, talvez por sermos parecidas – e adoro pensar que somos, pois a tenho como um exemplo. Talvez não tenha uma explicação. Gostaria apenas de reforçar que, de uma forma ou de outra, as pessoas só conseguem performar o seu melhor quando confiam nos outros e sentem que esses outros confiam nelas.

Confiança

Susan Jurevics

Uma das coisas de que mais gosto nos meus cinquenta anos é estar confortável comigo mesma e ter autoconfiança – na minha experiência, no meu julgamento e na minha capacidade de tomar decisões. Central para todas essas características nos negócios e na vida – confiança, perspicácia, sabedoria, compreensão, ouvir meus instintos – é a confiança.

Na minha própria experiência, encontrar maneiras de construir confiança rápida e genuinamente em equipes e empresas para entregar resultados excelentes é um dos atos mais importantes de um líder. No entanto, a verdadeira liderança não começa quando os outros confiam em você, mas quando você confia em si mesmo. Há uma frase bem usada: "O bom julgamento vem da experiência, e a experiência vem do mau julgamento". Aceitar e assumir erros, aprender com eles e buscar regularmente feedback construtivo – mesmo quando dói – permite que você seja vulnerável e humano. É um sinal para os outros de que o aprendizado contínuo e a curiosidade são importantes.

Isso é verdade quando os indivíduos se reportam a você diretamente, e ainda mais quando não o fazem – e você tem que liderar por meio da influência.

Encontrar um ponto em comum significativo além dos aspectos superficiais significa que você precisa primeiro estar disposto a fazer perguntas investigativas e ouvir ativamente suas respostas. Trata-se de criar a segurança psicológica para que todos possam ser eles mesmos e fazer um ótimo trabalho sem julgamento. Trata-se de estar disposto a explorar diferentes perspectivas e pontos de vista para enriquecer os resultados.

Comecei na Audible em 2019, após uma longa carreira em entretenimento e mídia nos Estados Unidos e no Reino Unido. Nove meses depois, fomos mandados para casa devido à Covid-19. Comecei a administrar nossos negócios internacionais em junho de 2020. Aparentemente da noite para o dia, deixei de ir ao escritório e conhecer meus colegas em reuniões e happy hours para ver vários rostos desconhecidos em pequenos quadrados nas telas, o que parecia se prolongar por todas as horas do dia e da noite. Levaria mais de dezoito meses até que eu pudesse conhecer minha equipe pessoalmente em suas cidades natais – Londres, Berlim, Sydney, Tóquio e outras.

Invariavelmente, as pessoas diziam: "Você é mais alta do que eu pensava". Tornou-se crítico durante esses dias encontrar um ponto em comum que ajudasse a construir meu relacionamento com a equipe. Felizmente, eu tinha morado e estudado em Londres e Sydney, e passei quase quinze anos trabalhando para a Sony e a Shiseido – prestigiosas empresas japonesas – enquanto trabalhava em cargos globais de marketing e negócios que me levaram para o mundo todo. Minha experiência me deu a credibilidade necessária com um público cético.

As dificuldades de contratação nesse ambiente logo tornaram-se evidentes. Meu método testado e comprovado de fazer uma refeição com um candidato, antes de propor uma oferta, para garantir que nos encaixávamos era quase impossível: estávamos no meio de uma pandemia global, em uma categoria de alto crescimento, com consumo de conteúdo explodindo. Precisávamos confiar em perguntas penetrantes em um número limitado de conversas para avaliar rapidamente as habilidades e a adequação cultural do candidato; o mercado de trabalho estava apertado e parecia que líderes talentosos tinham várias opções.

Foi nessas condições que Adriana e eu nos conhecemos, em novembro de 2021. A Audible havia identificado o Brasil anos antes como um alvo para um serviço de áudio dedicado, e eu estava procurando um líder para construir e gerenciar nossos negócios lá. Eu me senti em desvantagem desde o início – eu nunca tinha estado no Brasil, não falava português, não tinha conexões profissionais ou pessoais no país, e a Audible teve uma série de falsos começos que deixou a parceiros e mídia duvidosos. Adriana e eu, no entanto, estudamos na mesma instituição, a Universidade de Nova York (NYU), e ela trabalhou para empresas americanas em cargos seniores de marketing e negócios. Conhecê-la apenas por vídeo e encontrar um ponto em comum em nossas experiências acadêmicas e profissionais me convenceu de que ela era uma forte candidata para o cargo.

Voei para São Paulo em maio de 2022 para cumprimentar Adriana em seu primeiro dia na Audible e começar o longo e complexo processo de estabelecer a categoria de audiolivros e montar nosso negócio no Brasil. Desde o início, cada uma de nós tinha fé em seu próprio julgamento e no julgamento uma da outra, além do objetivo compartilhado de apresentar um serviço incrível aos ouvintes brasileiros. Adriana tinha muitas conexões importantes no país; eu tinha conhecimento de como as coisas funcionavam na Audible. Ao longo do próximo ano e meio, nós duas passamos por desafios pessoais e profissionais que exigiram mudanças de planos, ajustes de nossas ambições e a reformulação do que poderia ser entregue de forma realista. Conversávamos constantemente por meio de vídeos, mensagens e e-mails, nos conhecendo e explorando possibilidades para esse negócio incipiente em que ambas acreditávamos. A confiança foi um fator-chave que nos possibilitou perceber nossa própria capacidade e resiliência.

Em 3 de outubro de 2023 – um dos melhores dias da minha carreira profissional –, Adriana e eu, e nossa pequena equipe local, apresentamos um serviço encantador aos ouvintes brasileiros. Com o apoio do nosso CEO, da empresa controladora Amazon, de parceiros de conteúdo e de uma equipe dedicada nos Estados Unidos, organizamos uma coletiva de imprensa fenomenal e uma festa comemorativa para editores em São Paulo, com uma festa temática brasileira simultânea na sede da Audible em Newark, Nova Jersey. A foto de Adriana e eu nos abraçando após a coletiva de imprensa, chorando, diz tudo. Esta foto está orgulhosamente pendurada no meu escritório em casa, ao lado de um post-it que diz: "Você pode fazer coisas difíceis". Acredito que a confiança que tínhamos uma na outra e em nossa missão compartilhada tornou isso possível.

Para mim, esta experiência ressaltou a importância da confiança e do empoderamento dos outros como resultado da minha presença. Meu trabalho principal como líder é criar as condições para que minha equipe – Adriana – realize plenamente sua própria capacidade e poder.

Susan Jurevics se juntou à Audible como vice-presidente e gerente-geral em 2019, tornou-se responsável pela área internacional em 2020 e diretora de marca internacional em 2022. Nesta função, ela é responsável pelos negócios da Audible em âmbito global e lidera a gestão de marca, marketing de marca e conteúdo, criativo e social, internacionalmente. Ela é uma executiva veterana de mídia e marca de consumo com mais de vinte anos de experiência em marcas líderes como Pottermore, Sony, Shiseido e Nickelodeon. Mais recentemente, Susan atuou como presidente global da BareMinerals para a Shiseido. Antes desta função, Susan atuava em Londres como CEO da Pottermore de J.K. Rowling. Ela ocupou vários cargos na Sony ao longo de seus treze anos de casa, sendo pioneira na função de marketing de entretenimento entre empresas do grupo. Susan tem um MBA pela NYU Stern e pela Australian Graduate School of Management, e um bacharelado em artes visuais pelo College of the Holy Cross e pela Universidade de Londres. Susan atua no NYU Alumni Association Board, no NYU Stern Executive Board e no BRIC Arts & Media, sediado no Brooklyn, e é jurada criativa do FWA, um site de premiação digital diária. Ela e sua família residem no Brooklyn, em Nova York.

Conectando os pontos

- Confiança significa você se sentir confortável em compartilhar seus pontos de vista, seus talentos e suas vulnerabilidades, e se permitir errar e acertar junto com quem caminha do seu lado.
- Ter confiança é premissa para se ter criatividade, que, por sua vez, é fundamental para nos desenvolvermos. A criatividade é a semente que faz com que pensamentos diferentes sejam testados e que, por meio de erros, acertos e refinamentos feitos nesse processo, haja uma evolução.
- De uma forma ou de outra, as pessoas só conseguem performar o seu melhor quando confiam nos outros e sentem que esses outros confiam nelas.
- Confiança é criada a várias mãos. Ela é uma rede de segurança que nos apoia na hora de sairmos da nossa zona de conforto ao arriscar, inovar, errar e ajustar a rota durante a nossa jornada profissional.

E agora é a sua vez!

Já deu para perceber que a confiança é essencial para nos desenvolvermos. E, apesar de ela ser construída a várias mãos, é sempre importante refletirmos sobre as nossas conexões, avaliando se precisamos fortalecer algum elo da nossa rede de segurança. Use o espaço a seguir para mapear o que você faz para construir ambientes seguros e quais atitudes você pode ter em seus atuais relacionamentos para criar mais confiança.

COMPARTILHE
SUAS RESPOSTAS
#CONEXÕES

CAPÍTULO 3

Coragem

Da mesma forma que coisas positivas para as quais não estamos exatamente prontos acontecem para nós, outras coisas precisam dar errado antes de darem certo. Algo na linha de "tudo tem a sua hora". E enquanto esperamos essa hora acontecer, precisamos de coragem para continuar seguindo o nosso caminho, ou coragem para ajustarmos a nossa rota quando necessário. Talvez essa seja uma das lições mais importantes que eu tenho tatuado na mente, mas que, de forma paradoxal, eu ainda teimo em não aprender. É como se nosso cérebro não fizesse a coisa certa, mesmo sabendo a diferença entre o certo e o errado.

Calma, vamos começar do começo, duas décadas e meia atrás.

A coragem para correr atrás de seus sonhos

Quando comecei a apresentar o *Walking Show*, eu entrei para uma espécie de patota dos apresentadores de programas que cobriam eventos com celebridades e famosos. Nós sempre acabávamos nos encontrando nos mesmos eventos e festas para cobrir as mesmas pautas. (Uma imensa falta de imaginação, já que não faltam pautas de entretenimento em São Paulo, mas era o que acontecia.) Otávio Mesquita, com o *Perfil*, veiculado às madrugadas no SBT; Amaury Jr., com o *Flash,* na Band; o jornalista Goulart de Andrade, com seu *Comando da madrugada,* que na época estava na Rede Manchete; e Celso Russomanno, com o *Circuito Night and Day*, na TV Gazeta.

Como dá para perceber, a estranha nesse grupinho era eu. Não apenas era a única mulher, mas também a única pessoa que estava na faixa dos vinte e poucos anos. Poderia não ser o caso, mas fui muito bem acolhida. Acho que a minha realidade era tão diferente das que eles já estavam acostumados – todos faziam esse tipo de trabalho e já se conheciam há muitos anos – que, no fim, eles gostavam de conversar comigo só porque eu tinha coisas novas para contar, novidades totalmente fora da faixa etária deles. Minha participação se intercalava entre conversar sobre novos assuntos, contar de mim e ser tratada como a mascote e recém-chegada que todos queriam cuidar e acolher. Eu consegui realizar incontáveis entrevistas com pessoas de artes, cinema, televisão, esporte, música, entre muitas outras áreas, só porque fui apresentada por um desses queridos colegas através de um simples e carinhoso: "Oi, você já conheceu a Adriana Alcântara, do *Walking Show*?".

Quando o Russomanno decidiu se candidatar a deputado federal, abrindo a mão da sua carreira na mídia, a Drica Lopes o substituiu e veio me fazer companhia naquele que era o Clube do Bolinha + eu. Mais velha, a única coisa que Drica e eu tínhamos em comum era o nome. Ela já tinha uma carreira como modelo e trazia mais bagagem nesse sentido, então o papel da mascote seguiu sendo meu.

Nesses inevitáveis encontros durante os eventos, nós passávamos muito tempo batendo papo e dando risadas, enquanto nossas equipes montavam toda a parte técnica para a gravação, acertando câmeras e luzes. Desses papos, saía de tudo: dicas para as entrevistas, pautas para gravações futuras, dicas de viagem (que muitas vezes não estavam dentro da realidade do meu salário ou interesse da minha faixa etária, mas eu escutava com atenção). Muito do que eles diziam acrescentava ao meu desenvolvimento, e aqui deixo outra lição: estejam sempre abertos a ouvir coisas diferentes, pois com certeza haverá tesouros escondidos em cada fala.

Pensando bem, eu sempre gostei de conversar com todos os tipos de pessoas. Uma vez, quando pequena, com uns oito anos, eu estava no hotel Casagrande, no Guarujá, e meu pai me deixou na piscina e foi dar uma caminhada. Havia apenas um senhor idoso no local, e minha madrasta comentou com meu pai que daquela vez eu não conseguiria fazer amizade. Meia hora depois, quando eles voltaram, o senhor estava competindo comigo quem ficava mais tempo embaixo d'água! Resumindo: papo é comigo mesmo, seja com quem for e o assunto que for.

Voltando à patota dos apresentadores, em uma demonstração de como havia cumplicidade em nossos trabalhos, em vez de nos vermos através de uma lente competitiva, durante as gravações às vezes entrevistávamos uns aos outros. Era divertidíssimo, e sempre avisávamos quando o programa ia ao ar, para todos assistirem à versão final. Otávio Mesquita foi a primeira pessoa que me entrevistou na vida, exatamente nessa situação. Perguntou como eu havia me tornado a apresentadora do *Walking Show*, mesmo já sabendo que eu havia começado com as minhas pernas, literalmente. Ele também veio para a entrevista muito bem informado sobre a minha trajetória e sobre os comerciais que fiz quando criança – os profissionais de produção de TV mudam bastante de emissora/produtora e acabam trocando informações valiosas. Isso era uma coisa que me chamava a atenção: como esses programas tinham pautas muito variadas, essa turma sabia de tudo! Liam sobre eventos, política, entretenimento, oportunidades, tendências... Sempre se mantendo atualizados. Naquela época, nos primórdios da internet e sem o Google em nossa vida, essa era uma tarefa que demandava tempo e dedicação em diferentes lugares para chegar nesse nível de informação. Não era fácil como hoje em dia, mas eles davam conta.

Dessa convivência durante anos, veio o convite para me tornar apresentadora do *Perfil*. Como o programa era diário, a rotina de trabalho já estava pesada para o Otávio Mesquita conciliar todas as pautas – e nem mesmo ele conseguia estar em dois lugares ao mesmo tempo. Além do mais, faria mais sentido que algumas das matérias que o programa queria cobrir fossem conduzidas por uma mulher. E é claro que essas pautas eram o mundo da estética, da beleza, da culinária e afins, temas comumente associados a algo exclusivamente feminino à época.

Embora não fossem exatamente a minha maior área de interesse e expertise, aquela era uma oportunidade para eu mudar para uma emissora maior, o SBT, e para um programa com mais audiência. Claro que aceitei o desafio! Além de apresentar, eu também atuava como consultora de pautas "jovens" para o *Perfil*, dando suporte à diretora Andrea Setti, a mandachuva de tudo, braço direito e esquerdo do Otávio. Anos depois, Andrea e eu voltamos a trabalhar juntas, ela sendo a diretora do principal programa do canal Food Network, no qual eu era responsável pelo marketing, produção local e estratégias digitais, em 2014. Mas essa é uma outra história...

Foi nesse contexto que surgiu a ideia de o Otávio montar uma coluna social em vídeo, e eu sugeri o nome do Luciano Huck para apresentar tal esquete. Luciano basicamente só faria a abertura na câmera e depois narraria os acontecimentos em cima de imagens da noite paulistana. O *Perfil* tinha patrocinadores que costumavam circular na alta sociedade, então a ideia era buscar alguém que se encaixasse com esse público, que pudesse ajudar a atrair mais investidores e que fosse jovem – ou seja, alguém que nos dias de hoje seria classificado como "influenciador". Luciano já tinha uma coluna social no *Jornal da Tarde* e também fazia locução na *Jovem Pan*, mas o principal atrativo era que, na época, ele era um dos sócios do Bar Cabral, um verdadeiro point da nata juvenil endinheirada paulistana, local onde eu cheguei a gravar algumas vezes com os programas e que também frequentava regularmente com meus amigos. O Luciano estava lá todos os dias e tinha um relacionamento próximo com os frequentadores e também com potenciais novos patrocinadores. Simpático e carismático, sua estreia na televisão foi conosco e deu certo – e muito! De lá, o Luciano foi para a CNT/Gazeta, em um programa baseado no *Circulando*, sua coluna social no *Jornal da Tarde*; um tempo depois estourou com o *Programa H*, na Band; e posteriormente foi para a Rede Globo, onde está, merecidamente, até hoje. Ele cresceu como apresentador por seu esforço, carisma e dedicação. Admiro muito a trajetória dele e a forma como contribui para ajudar as pessoas e para tornar o mundo melhor.

Nessa época, a informação sobre o mercado de entretenimento vinha exclusivamente da mídia impressa, e eu tinha o hábito de ler o caderno da TV do jornal *O Estado de S. Paulo*. Em uma manhã de domingo, me deparei com a nota de que o lendário Roberto Talma – quem, inclusive, eu havia entrevistado nos tempos de *Walking Show* –, diretor e produtor de diversos clássicos da teledramaturgia brasileira, estava deixando a Rede Globo para produzir novelas em São Paulo. Só isso já era boa notícia para mim, pois as novelas do Talma, sendo na Globo, eram sempre no Rio e era impossível participar de alguma forma. Dessa vez, ele faria a próxima novela de forma independente, através da produtora JPO, em sociedade com João Paulo Vallone, na cidade da garoa. Dramaturgia sempre me encantou, e o desejo de ser assistente de um diretor como o Talma era um pensamento constante.

Depois que passei a trabalhar com televisão e compreendi melhor que muito do sucesso de um produto televisivo se deve ao trabalho de produção, comecei a acompanhar mais de perto alguns nomes desses mágicos por trás das cortinas – e o Talma era um dos que eu mais admirava. Ele já havia feito praticamente de tudo: foi bailarino, ator, até chegar à direção-geral, mas foi o seu trabalho mais recente até então que demonstrou sua capacidade visionária.

Em meados dos anos 1990, a principal emissora do país, a Rede Globo, parecia ter se esquecido de um importante segmento do entretenimento, que eram os pré-adolescentes. Havia uma espécie de buraco entre a produção que focava o público infantil e algo mais próximo das "novelas das seis", que eram histórias mais leves, romances água com açúcar, tom de comédia, sem violência explícita ou cenas picantes, mas que ainda não dialogavam com o público jovem. Considerando que, nos anos 1990, a TV aberta no Brasil ainda era a maior fonte de entretenimento e informação do país, manter a conexão dos jovens com a televisão até a idade adulta era uma questão estratégica.

Naquele momento, o mais próximo que havia na televisão brasileira para esse público era o seriado *Confissões de adolescente*, da TV Cultura, cujas produções já o aproximavam mais desse nicho etário. O sucesso foi grande, e mesmo a força tímida da audiência da TV Cultura já bastou para incomodar a Globo, que acabou levando para a emissora a estrela emergente da série: Deborah Secco, na época com doze anos.

Na temporada seguinte, a química entre o novo elenco não foi igual. Devo abrir parênteses aqui e contar que participei dos testes para ser a substituta, mas estava crua como atriz e eu era mais velha que a Daniele Valente. Então, mesmo com meu rosto que escondia a idade, ficava meio inverossímil me fazer passar pela irmã caçula. Apesar do sucesso inegável, a série ainda não tinha o impacto que uma obra semelhante teria em um canal com a audiência da Globo.

Segundo o próprio Talma contou anos depois, ele descobriu esse nicho e percebeu como era subaproveitado meio que sem querer. No fim, o seu instinto se mostrou tão correto que *Malhação* se tornou um celeiro de novos talentos em todas as áreas da teledramaturgia – direção, produção, roteiro e, claro, atuação –, além de se manter no ar por mais de duas décadas de forma ininterrupta. Naquele momento, a telessérie era apenas o novo sucesso do momento, e talvez nem o próprio Talma tivesse noção do sucesso estrondoso que *Malhação* se tornaria. Tanto que, de forma nada coincidente, ele deixou a Globo justamente para produzir uma novela que buscaria rivalizar com uma de suas maiores criações. Tratava-se de *Colégio Brasil*, e iria ao ar pelo SBT.

A história tinha um quê de mistura de *Sociedade dos poetas mortos,* com um professor descolado buscando elevar todo o potencial de seus estudantes dentro de uma estrutura escolar conservadora, com uma adição de romance de *Sessão da tarde*, com uma linda professora se vendo em um triângulo amoroso entre o namorado bonitão e professor de educação física, interpretado pelo Afonso Nigro, e o recém-chegado charmoso e disruptivo professor de literatura, interpretado por Giuseppe Oristanio.

Mais uma vez não sei se o mundo é pequeno demais ou se as oportunidades giram energeticamente nos mesmos lugares, mas a atriz selecionada para interpretar a professora da novela foi a Patrícia de Sabrit, que alguns meses antes havia me substituído no *Walking Show*. Tempos depois, ela viria a me indicar para substituí-la como protagonista em uma peça teatral infantil por conta da sua agenda: chamava-se *A pedra mágica,* e foi quando tive a oportunidade de ficar mais de um ano em cartaz na sala nobre do Teatro Ruth Escobar, na Bela Vista, em São Paulo. Desde então, essa é mais uma amizade duradoura que tenho.

Quando eu li que as gravações do *Colégio Brasil* aconteceriam em São Paulo, decidi que precisava entrar nesse projeto de algum jeito. Pela ambientação principal da novela acontecer em uma escola, eles precisavam de muitas pessoas para formar uma classe inteira de estudantes. Então eu concluí que minha melhor chance seria conseguir um papel de aluna, porém eu já era um pouco mais velha que muitas das atrizes fazendo o teste. A própria Patrícia, que faria a professora protagonista, era um ano mais nova do que eu, mas dessa vez a aparência de ser mais nova, que várias vezes me prejudicou, jogou ao meu favor.

Fui até a JPO que, segundo as *Páginas amarelas* – aqueles monstros com mais de mil páginas que usávamos para buscar informações –, ficava no bairro de Moema, na zona sul de São Paulo. Cheguei ali de cara lavada, na cara e na coragem, e disse ao Talma: "Eu quero fazer esta novela com você".

Eu sempre quis explorar todos os lados da televisão; não queria ser aquela que só sabia escrever, ou só apresentar, ou dirigir e editar: eu queria conhecer tudo!

Na mesma hora, ele abriu a câmera para me filmar, e me perguntou o porquê.

"Porque eu admiro demais o seu trabalho", respondi, mais direta ao ponto, impossível. "Acredito que tenho muito a aprender com você e quero aprender a dirigir. Então se você me contratar como atriz, vai ganhar uma estagiária-assistente nas horas em que eu não estiver gravando. Outro lado positivo para você é que, como sou maior de idade, serei uma atriz a menos para ter pai e mãe enlouquecendo a produção."

Ele caiu na risada. Por ter feito tantos comerciais de TV na infância, eu conhecia muito bem a dinâmica de um menor de idade no set de filmagem.

"Você deve ter mais experiência em produção do que muita gente com quem eu trabalho", ele respondeu.

E eu consegui! Era um papel pequeno, mas era meu, e como a minha intenção era simplesmente *estar* ali para ver o Talma trabalhar, isso para mim foi uma grande conquista. Mesmo nos dias em que não precisava estar ali, pois não haveria cenas minhas, eu ia para as gravações acompanhar o trabalho do Talma. Isso envolvia, basicamente, ficar ao lado dele na ilha de corte.

Aqui cabe uma breve explicação: como a programação da novela é diária, não existe muito tempo entre a gravação e a edição de um episódio antes de ele ir ao ar. Tudo é feito durante o pré-corte, enquanto a cena está sendo gravada, o que diminui o trabalho na edição e ajuda a novela a liberar um capítulo por dia. No momento do pré-corte, apenas o diretor-geral e o diretor de corte (e, nesse caso, eu!) ficam na ilha de edição. Em trabalhos assim, é preciso ser um diretor muito habilidoso, pois são de três a quatro câmeras independentes filmando diversos *takes*, e o pré-corte acontece na hora.

Talma era uma pessoa querida e acolhedora, mas que, quando ficava bravo, sai de baixo. Ele falava coisas interessantíssimas, às quais eu prestava total atenção, sempre disposta a aprender. Por outro lado, vira e mexe rolava alguma besteira, alguma piada suja... Mais uma vez, eu estava em um ambiente totalmente masculino e precisava me virar com o que tinha. Com o tempo, passei a ser invisível, e eles falavam como se eu não estivesse ali, pois imagino que o fato de eu ser mulher induziria a alguns filtros.

Em determinado momento, ele comentou que precisava achar uma bailarina clássica para uma cena na qual um menino que usava cadeira de rodas sonhava em encontrar a mãe, que era uma bailarina. Seria uma cena lúdica, bem na quadra da escola, e nela o menino conseguiria andar. Mais que prontamente, levantei a minha mão.

Eu nem perguntei se haveria um cachê extra. Para ser sincera, certo ou não, eu sempre me dediquei ao máximo, independentemente de quanto receberia por um trabalho. Confiei no universo que o retorno viria em algum momento em dinheiro, em experiência ou em conexões. Acredito que há várias formas de o reconhecimento chegar, e se a gente é muito imediatista, acaba queimando as possibilidades e correndo o risco de perder oportunidades. Eu não era mais a bailarina que já tinha sido um dia, e certamente poderia achar alguém mais afiado que ganharia um cachê, mas, como não mencionei nada, cheguei alegre e contente, me transformando na bailarina que precisavam para o dia seguinte e usando minha própria roupa e sapatilhas – ou seja, não dei trabalho nem para o casting, nem para a figurinista. Essa gravação resultou em uma das fotos profissionais mais lindas que tenho como atriz.

Essa colaboração com o Talma – que sempre teve muita paciência comigo por ver que eu tinha um interesse genuíno por tudo, criando uma relação informal de mestre e aprendiz – se estendeu pelos nove meses de duração da novela, até o momento em que foi definido o fim das gravações. Assim, de uma hora para outra. Nunca ficou muito bem explicada a razão para isso – e eu, pelo menos, nunca soube por que tudo acabou de forma tão abrupta. O fato é que, a partir da decisão, toda a história teve de se resolver em três episódios. Coisas da televisão...

Coincidentemente, nesse mesmo momento, eu estava terminando a minha faculdade. Era junho de 1995. Algum tempo antes eu já vinha acalentando a ideia de fazer um mestrado na Universidade de Nova York (NYU) – ideia plantada em mim pelo Carlito, do *Walking Show* –, que começaria em janeiro do ano seguinte. Então perguntei ao Talma o que ele achava disso, se agregaria valor ao meu currículo.

"Com certeza! Se você tem essa oportunidade, não deixe de aproveitar", disse ele. E se tinha uma voz de sabedoria que eu estava seguindo naquela época profissional, era a de Roberto Talma. Mesmo com medo, mesmo insegura, respirei fundo e fui. Sentia que essa experiência me abriria portas.

Mas como ele sugeriu, eu de fato comecei a *sonhar* em viver em Nova York, estudando em uma das mais prestigiadas universidades. Terminei a FAAP na metade de 1996, e o curso na NYU começaria já no início de 1997. O diploma nem tinha ido para a gráfica quando me mudei para Miami em uma missão quase impossível: ter uma boa nota no Graduate Management Admission (GMAT) e no Graduate Records Examinations (GRE), para ser aceita no curso, mesmo com um inglês mediano.

Por quatro meses estudei muito e ainda precisei fazer amizade com um laptop, pois os exames seriam prestados digitalmente, e não no papel. Naquela época, eu nunca tinha tido um computador em casa. Não havia feito curso de computação, então, além de desvendar e aprender o conteúdo e decifrar o idioma, eu tinha que driblar a tecnologia.

Foi um desafio pesado, pois o tempo era curto e eu ainda não tinha o inglês afiado. Tanto que eu seguia em frente, mas sempre com uma desconfiança de que não daria certo. O que me manteve firme? A minha coragem. Lembro que, para aprender vocabulário, eu revesti o apartamento de Miami com cartões, nos quais escrevia as palavras e o significado delas para poder decorá-las. Tinha na geladeira, nos espelhos dos banheiros, no quarto, na sala, em tudo. Estudava dez horas por dia, sete dias por semana. Mas me sentia aquecida ao ouvir meu pai dizer que eu tinha que ter coragem para correr atrás desse sonho.

Chegou o dia do exame, e ele seria feito por computador, em uma escola preparada para isso. Meu pai me levou e disse: "Boa sorte, dê o seu melhor". E eu dei. O tempo era curto para as questões, mas eu me sentia pronta para o desafio. Acho que, no decorrer da preparação, conforme eu via minha evolução, eu me motivava cada vez mais e isso trazia ainda mais energia. Respirei fundo, não lembro se rezei alguma coisa, mas certamente pensei que, a partir dali, a responsabilidade passava das minhas mãos para a do destino, e apertei o botão *"submit"* (enviar).

Minha nota não foi astronômica, mas não foi ruim, e eu sabia que tinha chance se fizesse um bom pacote de inscrição para a NYU. Apesar de na época ser bem mais nova do que a média das pessoas que se candidata a um mestrado, eu tinha uma experiência bastante ampla para a minha idade.

Dei meu melhor, enviei as cartas de recomendação – incluindo a do ex-aluno da universidade e também meu mentor, Carlito Camargo, e do diretor da FAAP, Rubens Fernandes, que depois me convidaria para ministrar na faculdade – e aguardei. Um mês depois, estava em Nova York para passar um final de semana com uma amiga e fui até o campus da universidade, para ver se havia alguma resposta. Não tinha. Bateu um leve desespero. Um mês e nada? Já era para ter alguma posição, pois as aulas começariam em breve.

Apesar do nervosismo e do medo, tudo aquilo estava fora do meu controle. Não adiantava ficar pensando a respeito. Voltei para Miami e encontrei uma carta no correio para mim. Era da NYU.

Sabe aquelas cenas de filmes quando algum jovem está há meses esperando receber uma carta da universidade na qual se inscreveu? E quando a carta finalmente chega, acontece aquele momento de tensão em que se abre o envelope, e o medo das palavras que aquele pedaço de papel contém é tão avassalador que muitos pedem para outra pessoa ler? Pois bem, é tudo real. Eu mesma tive que ler. E caí no choro de tanta alegria.

Anos depois, já de volta ao Rio de Janeiro, o Talma estava trabalhando em um projeto em parceria com Rafael, seu filho, e ele solicitou uma reunião para mostrar tal projeto à head de conteúdo da Oi TV. Nessa época, eu havia trocado de área de atuação e estava me aventurando no desafio de lançar uma TV por assinatura em uma empresa de telecomunicações. Rodeada por homens, em sua maioria engenheiros, fiquei feliz em receber o Talma para ver o projeto.

"Não sei se você lembra de mim...", eu comecei, assim que olhei para ele.

"Você é muito familiar, mas..."

"*Colégio Brasil*", eu disse apenas.

Ele caiu na risada e se lembrou das tantas horas passadas comigo na ilha de edição. E completou com:

"A nossa linda bailarina!"

A gente nunca sabe qual parte de um trabalho vai marcar as pessoas. Aliás, a gente nem sabe o que será do trabalho em si. Muitas vezes, é a coragem que demonstramos em determinadas situações. Acredito que na vida temos sempre a "oportunidade Bombril", cujas propagandas engraçadas e inteligentes traziam sempre a mensagem: "Bombril tem mil e uma utilidades". Às vezes, é preciso acessar a coragem para levantar a mão e dizer: "Eu faço, deixa comigo". É como aquela história de sair da zona de conforto: pode dar frio na barriga, mas a magia existe ali, bem do outro lado, basta ter coragem de chegar até ela.

No fim, a conversa nostálgica ficou por ali. Talvez eu devesse ter dito o quanto aprendi com ele, e como seu incentivo foi providencial para eu ir a Nova York. Ou talvez ele já estivesse farto de ouvir o quanto contribuiu para a carreira de alguém. Basta pegar *Malhação* como exemplo – todo mundo das primeiras temporadas da novela deve sua carreira diretamente a ele; e todo mundo que veio depois, indiretamente. Talvez nada precisasse ser dito. Afinal, lá estava ele, fazendo o seu *pitch* para a jovem que não o deixava em paz quase duas décadas antes. Vê como a vida dá certo mesmo em meio a situações que pareciam erradas? Afinal, tudo tem a sua hora.

Mesmo sem dizer, espero que no fundo ele soubesse disso. Alguns anos depois, Talma faleceu, e até hoje eu me recordo dele como um ursinho acolhedor que tanto me ensinou.

Quando a sorte acontecer, a coragem precisa estar do seu lado

Era inverno em Nova York, mas aquele dia estava longe de ter o charme que se costuma ver em filmes e séries. Era o tipo de frio que me fazia questionar a razão de viver. Por que diabos eu não estava debaixo do sol brasileiro, mas saindo de casa como se fosse uma cebola, com camadas e camadas de roupas, apenas para passear com o Gigio? Esse era o nome de um buldogue inglês que peguei por impulso quando cheguei na cidade.

Gigio não pediu para ser adotado – talvez tenha, não com palavras, mas com os olhos – e ele tinha suas necessidades a fazer. Só que eu não saberia dizer se foi por conta do frio ou porque eu desci no elevador com uma vizinha que eu decidi não passear com o Gigio na rua naquele dia, mas sim no terraço que havia no meu prédio. Talvez tenha sido a soma dos dois. Eu já tinha visto aquela moça antes, e sabia que ela sempre ia para o terraço deixar seu cachorro correr solto sem coleira. Ela usava um boné da NBC, o que me fez imaginar que ela trabalhava ou tinha alguém próximo que trabalhava na grande emissora de TV. Cogitei que ela poderia simplesmente tê-lo comprado como suvenir nos arredores do prédio, talvez fosse uma grande fã da emissora, mas achei pouco provável.

A NBC é uma das maiores emissoras de TV dos Estados Unidos, de alcance internacional. Fundada em 1926 como National Broadcasting Company, com sede no Comcast Building, no famoso ponto turístico Rockefeller Center, em Manhattan. O canal se destacava por sua relevância em todos os segmentos – notícias, esportes, entretenimento, programas culturais – e, em uma prova de como estava à frente de seu tempo, pouco tempo antes da minha chegada em Nova York, nasceu a MSNBC, uma subsidiária da emissora, fruto de uma parceria entre a Microsoft e a NBC, daí sua sigla. Isso em 1996, e eles já estavam começando a fazer interatividade com a internet, algo bastante inovador para a época, sendo um canal pago de notícias 24 horas, cujo conteúdo era disponibilizado na Europa, no Canadá, na África do Sul e no Oriente Médio. De fato, era um lugar interessante para se trabalhar.

Soltei o Gigio da coleira também e fui me sentar no mesmo banco que a vizinha. Naquela velha história de puxar papo com todo mundo, perguntei há quanto tempo ela morava no prédio, se era de Nova York mesmo e por aí vai. Quando o assunto da conversa mudou para mim, eu contei que estava ali fazia alguns meses por conta do mestrado em comunicação na NYU, falei que já havia tido diversas experiências com televisão no Brasil, e por aí também foi. Em nenhum momento eu perguntei sobre o trabalho da mulher, até que ela própria forneceu a informação que eu já imaginava. Ela realmente trabalhava na NBC.

"Nossa, é mesmo? Que legal! Até imaginei pelo seu boné! Sabe, eu adoraria se você pudesse levar o meu currículo, pois o mestrado está acabando e é necessário ter um ano de treinamento prático para completar o curso."

O mestrado durava dois anos, mas eu antecipei algumas matérias para ser viável encaixar um trabalho, caso conseguisse uma oportunidade antes da formatura.

"Claro, com prazer!", ela respondeu.

Agradeci à vizinha e ao frio avassalador daquele dia em Nova York. Lembra-se de que eu disse que muitas vezes é preciso fazer a sorte acontecer? Além de coragem para agarrar as oportunidades? Pois é.

No dia seguinte, passei no apartamento daquela vizinha para entregar o meu currículo, e na mesma semana a NBC me telefonou, agendando uma entrevista. Dei o melhor de mim. Contei sobre minha experiência, minha expectativa, minha vontade. E a verdade: para alguém daquela idade, eu tinha de fato muita coisa para contar.

Naquela emissora, quase todos os funcionários eram nativos de língua inglesa, e os que não eram falavam sem nenhum sotaque. Portanto, não era muito comum chegar uma brasileira, com um inglês ainda em construção, de vinte e poucos anos, com mestrado e experiência como apresentadora, atriz, roteirista. Mas sorte, coragem, flexibilidade e oportunidade sempre andaram comigo, e eu com elas.

Na NBC eu comecei a trabalhar em um programa chamado *Headliners and Legends*, apresentado por Matt Lauer, que era basicamente um programa no estilo documentário sobre a biografia de pessoas muito simbólicas nos Estados Unidos – de John F. Kennedy a Clint Eastwood, passando por Bill Gates e Oprah Winfrey. Ou seja, abarcava diversos tipos de personalidades: políticos, artistas, empresários, atletas, entre outros. Eu trabalhava na parte de pesquisa e texto, um quase retorno aos primeiros meses de *Walking Show*, exceto que dessa vez eu tinha um pouco mais de noção do que estava fazendo.

E mais: para quem já tinha passado por tantos perrengues nas produções brasileiras, trabalhar no *Headliners* era um sonho, uma diversão. Primeiro que era tudo muito fácil, em termos de acesso. A NBC tinha uma biblioteca de vídeos, matérias e entrevistas que deviam datar da invenção da imprensa. Lembro-me muito bem de quando trabalhei no programa do ator Michael Douglas e tudo o que precisei fazer foi puxar no sistema o que havia sobre ele e sobre seu pai, o também ator Kirk Douglas. Eu tinha à minha disposição um compêndio de arquivos basicamente da vida inteira desses caras. Um número surreal de entrevistas. Não faltava nada. Quando encontrávamos material não licenciado, nós comprávamos os direitos de uso para o programa, sem criar problema algum no fluxo de caixa. Exceto para os programas ao estilo obituário, quando alguma personalidade morria e o próximo programa tinha que ser sobre ela para pegar a comoção do momento, não havia aquela pressão ou correria fora de controle na produção do *Headliners*; havia a exigência normal do compromisso com o trabalho e a necessidade de executá-lo bem.

Foi ali que tive meu primeiro contato com contratos de direitos de imagens e vi como realmente era trabalhar no mercado norte-americano. A pontualidade, o compromisso, o profissionalismo... A reunião começava no horário e não tinha um aquecimento com conversas pessoais. Tempo era dinheiro, e produzir da melhor forma era o objetivo. Para isso, era necessário foco total de todos. Ninguém estava ali para fazer amigos, todos estavam para trabalhar e ponto. Mas brasileira é brasileira, e eu sou eu, então acabei fazendo bons amigos por lá.

A coragem de tentar, dar o seu melhor e deixar o universo se encarregar do resto

Era 2001. Eu estava de volta ao Brasil não fazia nem duas semanas e já me questionava por que tinha retornado. Houve um inédito choque de expectativa versus realidade. Do lado pessoal, na minha ingenuidade, eu achei que encontraria o Brasil da maneira que o deixei – com os amigos solteiros, combinando viagens e alugando casas na praia para o final de semana. O que encontrei foi todo mundo casado, amigas tendo filhos e eu me questionando o que ia fazer sozinha no sábado à noite.

Do lado profissional, eu tinha acabado de fazer um baita mestrado em Nova York, trabalhado para a NBC, uma das top 3 empresas de mídia dos Estados Unidos – e trabalhei na divisão estadunidense, não na da América Latina. Meu inglês estava afiado em um nível espadachim de quem morou fora por um tempo razoável. Morei, estudei, trabalhei e sobrevivi a Nova York – que, como diz a música de Alicia Keys, *"if you can't make it here, you can't make it anywhere"* ("se você não faz acontecer aqui, não consegue fazer acontecer em lugar algum", em tradução livre). Então, pronto, *I made it there*.

E não é como se eu esperasse uma medalha de honra e um tapete vermelho do mercado de trabalho, mas ele também não precisava estar em recessão bem no meu retorno. Não havia vaga em lugar algum. Lembro-me de, às vezes, chegar na recepção de um lugar para deixar meu currículo ou tentar uma conversa sobre uma oportunidade de trabalho e, de repente, passar por mim uma pessoa chorando pois tinha sido mandada embora.

Eu só não reclamava mais em voz alta sobre o meu retorno ao Brasil, e que minha situação estava muito melhor na disputadíssima Nova York, porque pouco menos de um mês depois aconteceu o Onze de Setembro, colocando todos os problemas e suas magnitudes nos devidos lugares. Estava tudo certo, eu só precisava encontrar de volta minha sorte. Versatilidade não me faltava, e em algum momento daria certo.

Depois de cinco meses surgiu uma oportunidade incrível de estrear na direção. Seria um programa do Otaviano Costa para a Record, chamado *Jogos de família*. Meu anjo da guarda, Fernanda Lauer, continuava me colocando debaixo da sua asa, mesmo sem estarmos mais na van de gravação do *Walking Show*. Ligando para amigos do mercado, ela me indicou para uma oportunidade através do diretor Del Rangel. Fui fazer a entrevista e foi ótimo. O Del era um cara simpático, direto, e gostei bastante dele. Ele era o diretor artístico da Record. E como eu era bastante versátil, as possibilidades eram boas.

Uma semana depois, ainda não tinham me dado uma resposta final, mas a coisa estava toda muito bem encaminhada. Finalmente, o investimento feito no meu currículo teria um retorno à altura. Trabalhar na direção de um programa de um canal do tamanho da Record era uma responsabilidade e tanto, e eu estava pronta para fazer tudo o que estivesse ao meu alcance e um pouco mais para criar o melhor programa já visto na televisão brasileira. Mas eu ainda esperava a resposta da Record, e, quando o telefone finalmente tocou,

70

foi para me informar que o Otaviano havia sofrido um acidente de carro que o deixaria afastado do trabalho por meses. Por ora, então, o programa estava cancelado. Novamente, todos os problemas e suas escalas se colocaram nas caixinhas certas, e calei meu questionamento sobre quem de fato estava com má sorte nessa história toda.

O fato é que, com isso, eu simplesmente joguei a toalha, criei a coragem que precisava e fui tentar qualquer coisa. Eu tinha as minhas contas para pagar, eu vivia sozinha, queria ter independência, então esqueci o "peso" do currículo e estava disposta a pegar o que pintasse na frente. Nisso, eu fiz testes como atriz para novela no SBT, fiz teste para comercial de TV, fiz alguns filmes corporativos como apresentadora, puramente pelo dinheiro mesmo. Era tudo um quebra-galho, sempre engolindo o orgulho cujo nome era "mestrado na NYU" e o sobrenome era "emprego na divisão estadunidense da NBC".

Talvez a melhor oferta que me apareceu em meio ao deserto de oportunidades foi o convite do Jayme Monjardim para que eu fosse sua assistente de direção na Rede Globo, mas era no Rio de Janeiro. Eu tinha acabado de voltar ao Brasil após passar anos fora, longe da família e dos amigos. E não que as coisas estivessem 100% em São Paulo, mas elas definitivamente não melhorariam no Rio, então recusei. Em retrospecto, talvez eu tenha sofrido um pouco mais do que o necessário com essa recusa, mas eu sentia que era a decisão certa.

De qualquer maneira, mesmo eu tendo uma rede de contatos muito forte para a minha idade na época, isso até mesmo antes de eu viajar, estava difícil conseguir entrevistas. No mundo corporativo, nunca podemos dar nada por garantido, pois a roda-gigante gira rápido. Eu brincava com um amigo de infância, o Alê Sousa, filho do locutor Silvio Luiz, que praticamente cresceu comigo estudando no Pueri Domus, que eu ia imprimir meus currículos e sair colando como lambe-lambe nos postes da cidade ou distribuir nos sinais das avenidas, porque eu não conseguia achar uma solução. (Por isso, agradeçam sempre pela invenção do LinkedIn.)

"Posso te falar uma coisa?", o Alê me perguntou em certo momento, e eu não sabia se dizia "sim" ou "não" por não saber se queria ouvir a *coisa* que ele estava para falar.

"Fala..."

"Tira do currículo o teu mestrado em Nova York."

"Pô, Alê, mas por que eu vou tirar?"

Para mim, o mestrado era a grande cereja no bolo de tudo, mas o Alê argumentou que aquele currículo metia medo nas pessoas.

"Você é muito nova para ter esse currículo, então você pega aquele diretor cinco ou dez anos mais velho que você e ele não tem um mestrado desse. O cara vai querer te ver longe."

O ponto dele: sendo jovem e com aquele "currículo que metia medo", eu podia representar uma ameaça ao emprego da própria pessoa que viesse a me contratar.

"Tira e vê o que acontece", ele sugeriu.

E foi o que fiz. O Alê trabalhava em TV aberta no Brasil havia muitos anos. Em certo momento, inclusive, ele chegou a trabalhar em duas ao mesmo tempo: o maluco tinha um turno na Record e outro no SBT. A opinião dele era muito válida, e por isso a ouvi. Pouco tempo depois, recebi uma nova ligação. Era a respeito de um projeto que seria gravado na Argentina por uma produtora chamada RGB, a mesma que viria a criar o extremamente bem-sucedido CQC dentro de alguns anos. E a única razão para o projeto ter aparecido na minha frente era porque ele seria gravado praticamente entre o Natal e o Ano-Novo, ou seja, ninguém queria pegar o trabalho. Até quem não tinha emprego já tinha planos para essa época do ano. Não era o meu caso. Meu único plano era encontrar um trabalho.

Fiquei muito animada com o projeto, mas não vou gastar nem uma linha falando dele aqui, pois logo foi cancelado no seu nascedouro. Não sei a razão, mas fiquei pensando que talvez eu fosse a única pessoa que estava realmente disposta a trabalhar no final do ano. Talvez a produtora não tenha conseguido formar uma equipe para viajar para a Argentina... Mas o que vale a pena falar aqui é justamente da interação que tive com a pessoa que liderava a produção.

Tratava-se de Elisabetta Zenatti que, apesar da teoria do Alê ter certo nexo e até ter sido respaldada a princípio pela ligação da RGB, certamente não teria se sentido ameaçada pelo meu currículo. Elizabetta é um ícone da mídia. Mulher linda, italiana, fez MBA na

Alemanha, fala cinco idiomas e qualquer coisa que eu tivesse de atributo profissional, ela teria dez vezes mais. Apenas para ter uma noção, enquanto este livro é escrito, ela é a pessoa número um da Netflix no Brasil, após quase quinze anos fazendo um sem-número de programas com a própria produtora, chamada Floresta, onde tinha a Sony como sócia.

Tudo isso ainda estava no futuro, mas menciono agora apenas para dar um contexto de como uma jovem Adriana Alcântara, vinda dos EUA e que não conseguia sequer uma entrevista de emprego, não faria sombra a ela. Segue o melhor que consigo recordar de como foi a minha entrevista. Breve observação para ambientação dessa cena: ela me entrevistou enquanto amamentava a filha.

"Como você conseguiu um visto de trabalho nos EUA?", ela me perguntou, lendo o parágrafo sobre meu período na NBC.

"Na verdade, eu fiz um mestrado, que me deu a oportunidade de fazer um *practical training.*"

"Mas esse mestrado não tá no seu currículo."

"Eu tirei. Me falaram que alguém jovem como eu com um mestrado não arrumaria uma entrevista de emprego."

"Não tenho certeza disso..."

"Mas você estaria aqui, conversando comigo, se eu tivesse deixado o mestrado?"

"Provavelmente não, mas porque a vaga que eu tenho talvez não esteja à altura da remuneração que você espera."

"Eu não tenho expectativa. Eu quero provar o meu valor, por isso tirei do currículo."

Olhando para trás e recordando a conversa, o que me fascina é o quanto eu estava fria e cansada, apesar de querer desesperadamente um emprego, e como a Elisabetta foi uma dama e profissional ao lidar comigo. Ela pareceu ver que eu estava ferida com aquela situação de ter que esconder minhas qualificações para conseguir um emprego que talvez não fizesse jus ao investimento na minha profissionalização. Talvez ela tenha sentido a minha dor, talvez ela já tivesse estado em meu lugar, talvez ela simplesmente tenha agido com sororidade, ou talvez ela tenha visto que eu podia fazer um bom trabalho. Claro que o Alê, que trabalhava no SBT e conhecia a Elizabetta, deu aquela pitada de sorte, reforçando que ela deveria me dar uma chance.

Ela me chamou para um programa que se chamava *Popstars*, um projeto entre o Disney Channel e o SBT para fazer um reality show, a fim de formar um grupo musical pop de garotas. Os jurados seriam diretores da Sony Music, que por sua vez seria a gravadora que lançaria o CD, e eu fui trabalhar como roteirista.

Em 2002, a TV por assinatura estava ganhando força no Brasil, mas sua programação era quase toda vinda de fora e dublada. O *Popstars* era um formato neozelandês, originalmente criado por Jonathan Dowling, que já havia sido produzido em vários países e virado um sucesso enorme na Argentina. A ideia era repetir a fórmula no Brasil. Além do programa principal no SBT, seria produzido um programa diário complementar, que iria ao ar no Disney Channel.

O programa estreou em 27 de abril de 2002 no SBT, um pouco antes do que estava planejado, pois a Globo havia anunciado a estreia do programa rival, o *Ídolos*, e o Silvio Santos sendo o Silvio Santos resolveu antecipar o *Popstars* para que a Globo não saísse na frente. Lembro que enquanto um bloco estava no ar, o outro ainda estava saindo da edição. Uma verdadeira loucura que só acontece na TV aberta, e normalmente no jornalismo com matérias de emergência. Embora não fosse o caso, foi o que aconteceu, e me fez lembrar da minha experiência com jornalismo ao vivo na CNBC.

O *Popstars* recebeu mais de 30 mil inscrições de garotas de todo o país e apenas cinco foram selecionadas para integrar o grupo, que viria a se chamar Rouge: Aline Wirley, Fantine Tho, Karin Hils, Li Martins e Lu Andrade foram as vencedoras – sendo criteriosamente escolhidas por executivos da Sony: Liminha, Alexandre Schiavo, Iara Negrete, que era preparadora de voz, e Ivan Santos, responsável pela preparação corporal e pelas coreografias.

No fim do projeto, a coisa deslanchou e eu engatei um trabalho no outro. Mas é curioso pensar como tudo aconteceu, da forma como foi. Tanta coisa que parecia dar errado acabou se encaixando. Se qualquer peça tivesse se movido de uma maneira diferente nessa jornada, minha história poderia ter sido completamente outra. Por exemplo, se depois de ralar tanto eu realmente tivesse conseguido dirigir o programa com o Otaviano Costa, teria sido uma enorme conquista. Mas, em um conceito geral, pela Record ser um canal da TV aberta, o programa não necessariamente precisaria de alguém com o meu *background* de experiência e mestrado nos Estados Unidos. Uma série de competências seriam importantes para a função, e talvez eu nem tivesse todas elas, mas definitivamente as que eu tinha não eram vitais para aquela posição.

Eu teria conseguido emprego com mais rapidez, mas talvez eu olhasse para aqueles profissionais ao redor e não visse a mesma identificação, por exemplo, que eu vi na Elisabetta, que era uma mulher do mundo, cujo olhar valorizou a experiência que eu tinha lá fora e que virou uma referência para mim. Ao mesmo tempo, se eu tivesse ido para o projeto temporário na Argentina, talvez ele bloqueasse a possibilidade de eu trabalhar no *Popstars*, que era um projeto muito mais longo, com muito mais visibilidade.

Apesar dos choros e das angústias de ter vivido esse momento, eu aprendi que perseverar frente às dificuldades coloca todas as coisas em seu devido lugar – aquelas que precisamos e, definitivamente, as que não precisamos.

Para ser sincera, eu digo que aprendi, mas talvez só a teoria. Pois, na prática... Bom, vai chegar a hora certa de contar mais disso tudo. O que vale deixar claro é que ter coragem para enfrentar as adversidades que se apresentam é essencial para movimentar energias e sair do lugar. Nem sempre a oportunidade que aparece é perfeita para você, mas vale ter coragem de tentar, de se jogar, de dar o seu melhor. O universo se encarrega do resto.

Uma forma com que o universo sempre nos ajuda é colocando em nossos caminhos as pessoas certas. O enigma é identificá-las e não deixar a oportunidade de se aproximar passar. Foi assim que meu universo e o da Luciana Rodrigues se encontraram em 2018, quando entrei no Cartoon Network. De lá para cá, além de grande amiga, a Luciana se tornou uma referência de coragem, de como encarar os desafios de frente e de cabeça erguida.

Coragem
Luciana Rodrigues

A coragem é uma ação do coração. Não sou eu quem está dizendo, é só analisar a etimologia da palavra.

Coragem (substantivo feminino): do latim *coraticum*, é a associação entre *cor*, que tem como um dos significados a palavra "coração", e *aticum*, usado para indicar a ação da palavra que o precede.

Ela é a mais importante de todas as virtudes. Sem coragem, você não consegue praticar nenhuma outra, por achar que os desafios que a vida impõe são grandes demais. E se tem algo que aprendemos durante a nossa jornada é que não existe nada que chegue até nós que não possamos suportar.

Viver pede coragem. Mas como seguir se o medo está sempre nos rondando? Os gregos nos ensinaram que coragem e medo andam de mãos dadas.

O medo é apenas uma reação fisiológica que nos mantém em alerta e nos protege em diversas circunstâncias. Sem o disparo do medo, correríamos perigo. O contrário da coragem não é o medo, é a covardia. O medo tem a sua utilidade, mas a covardia só serve para nos esconder daquilo que mais importa.

Sem coragem, não há evolução, pois precisamos dela para ter a determinação de ir ao encontro do desconhecido.

No mais recente ato de coragem, renunciei a um cargo de CEO, atravessei o oceano e mudei de continente com a minha família. Não posso omitir que toda essa coragem veio junto de um diagnóstico de câncer de mama que, ironicamente, me presenteou com a possibilidade de realizar um sonho reservado para a aposentadoria. Esse é o poder do medo.

No dia seguinte à cirurgia de mastectomia, tive uma anemia profunda que por pouco não me tirou a vida. Naquela fração de segundo, compreendi que quando o universo dá um sinal, não podemos titubear. Eu não estava jogando fora 27 anos de uma carreira sólida, construída com muita intenção e propósito, mas sim celebrando uma jornada de sucesso de muito aprendizado, fracasso, frustração, conquista e crescimento. Entender que você não é o seu crachá traz libertação.

Khalil Gibran estava certo sobre o medo ser transcendido quando temos a coragem de abraçar a mudança e nos tornar parte de algo maior do que nós mesmos. Assim como o rio quando entra no oceano, eu, Lu Rodrigues, estava apenas acolhendo a minha verdadeira essência. O rio sabe que não se trata de desaparecer no oceano, mas tornar-se o oceano.

Coragem é ação, mas também decisão.

Desejo para você, que está lendo este livro, coragem para fazer pedidos, até mesmo para desconhecidos, em um terraço em Nova York (obrigada por nos inspirar, Dri). Coragem para aceitar que nunca seremos aceitos ou amados por todos. Coragem para não negociar os seus valores. Coragem para errar. Coragem para pedir perdão. Coragem para perdoar. Coragem para dizer "não" quando a sociedade espera um "sim". Coragem para permanecer, para desistir ou para descansar quando a ordem é contrária. Coragem para ser quem você é. Coragem para ser feliz.

A única certeza que eu tenho é que cada vez que você se atreve, o céu se expande. Isso é coragem.

Luciana Rodrigues é executiva C-level do setor de comunicação, colunista da *Forbes*, mentora e conselheira. Foi CEO da Grey Brasil, diretora-geral do BuzzFeed e vice-presidente de inovações na Warner Bros. Discovery para a América Latina. Antes disso, dedicou sua carreira a algumas das mais importantes agências de publicidade do mundo, nas quais gerenciou algumas das principais marcas na lista da Fortune 500. Formada em mediação e gestão de conflito pela FGV e em neurociências e comportamento na PUC-RS, sua maior conquista é ser mãe da Manuela e da Isadora.

Conectando os pontos

- Mais do que fazer a sorte acontecer, precisamos de coragem para agarrar as oportunidades que surgem no nosso caminho. Às vezes, precisamos ser aqueles que levantam a mão e dizem "eu faço, deixa comigo!", apesar do medo.

- Sair da zona de conforto é dolorido e dá frio na barriga, mas a magia está ali, bem do outro lado, basta ter coragem de chegar até ela.

- Para seguirmos em frente precisamos de coragem, para reajustarmos a nossa rota também. E não se engane, ajustes são necessários quando estamos construindo o caminho do sucesso.

- Coragem é ação, mas também decisão.

E agora é a sua vez!

A coragem, assim como a sorte e a confiança, é fundamental para uma trajetória de sucesso e para nos conectarmos com quem caminha ao nosso lado. O bom é que ela é uma habilidade treinável. Chegou o momento de fortalecemos a sua coragem com um exercício de reflexão simples, mas poderoso, que lhe dará mais confiança para desbravar o desconhecido e sair da sua zona de conforto. O objetivo aqui é mostrarmos e reforçarmos para o seu subconsciente que você já tem a coragem e, dessa maneira, ele estará menos relutante quando você precisar sair novamente da sua zona de conforto. Quais coisas ainda não fez porque teve receio de errar? O que poderia dar errado e como isso te afetaria? Quais aprendizados esta ação te traria, mesmo se desse errado? Esta ação é irreversível? Quem na sua rede de conexões poderia te auxiliar para minimizar os possíveis erros? Quem poderia ter a mesma vontade e te acompanhar nesta empreitada? Vale tudo! Vamos lá?

Liste aqui três situações em que a coragem foi a sua maior aliada:

CAPÍTULO 4

Flexibilidade

Em 2006, aquela entrevista cara a cara seria a última etapa do processo para uma vaga na Globosat. Todas as anteriores haviam sido feitas por telefone ou por Skype, pois eu morava em São Paulo e a empresa ficava no Rio de Janeiro, mais precisamente no bairro de Rio Comprido. Agradeceram-me por eu ter ido até lá para aquela entrevista, e já emendaram dizendo que estava nos planos a mudança para um novo complexo, a ser construído na Barra da Tijuca. Respondi enfatizando que era eu, claro, quem tinha que agradecer pelo interesse deles em mim.

Com minha saída da Nickelodeon, também naquele ano, resolvi buscar oportunidades perto de casa. Como a Globosat ficava na paulistana avenida Brasil, a cerca de dois quilômetros de onde eu morava, achei que faria sentido e enviei meu currículo. Para ter uma força extra, perguntei para o Carlito Camargo, meu ex-diretor do *Walking Show*, se ele conhecia alguém lá. Ele era muito próximo do Wilson Cunha e da Leticia Muhana, na época diretores-gerais do Multishow e do GNT respectivamente. Bem, o plano de trabalhar perto de casa deu um pouco errado e me levou para outro estado, pois a posição que eu iria ocupar ficava no Rio de Janeiro.

Já caminhando para o final da entrevista, voltaram a falar sobre a futura mudança e enfatizaram que todos os vidros do prédio eram blindados. O bairro de Rio Comprido tinha seus riscos. O Rio de Janeiro tem seus perigos e, vez ou outra, a região sofria com tiroteios e o prédio tinha que ser evacuado às pressas.

Eu achei curiosa aquela ênfase no local, porque eu não vinha da Suíça, mas de São Paulo, que em 2006 havia testemunhado dias de terror com o crime organizado. Mas para aliviar aquela preocupação deles, ainda que justificada, disse que estava tudo bem. Contei até que já havia morado no Iraque durante uma guerra, para tentar deixá-los mais tranquilos.

Era julho de 1987. Não sei quantas horas haviam se passado, talvez um milhão. Primeira parada em Paris, depois Bagdá. Mas, enfim, chegamos. Como era de se esperar, o choque de realidade já aconteceu ali mesmo, no saguão do aeroporto. Eu estava dentro de um filme. O lugar era lindo, moderno, espelhos e vidros que de alguma maneira mantinham o calor do deserto para o lado de fora. Só que o que registrei de verdade foram as pessoas sentadas no chão, apesar de haver muitos assentos disponíveis. Famílias inteiras ali, sentadas em rodinha, homens de turbante levando nas mãos uma espécie de terço, o qual eu descobriria mais tarde se chamar *masbaha*, mulheres vestindo burca e tentando controlar as crianças, que são sempre crianças em qualquer lugar do planeta. Importante: homens conversando com homens e mulheres cuidando de suas crianças. Cada um na sua função e bem separados, respeitando a religião. Uma diferença muito nítida na cultura islâmica é essa separação de tarefas entre homens e mulheres. Colocando em perspectiva, com todos os desafios de igualdade que temos no Brasil, e que eram até mais significativos naquela época, o choque ainda é inevitável.

Eu devia ter me questionado sozinha por que eram justamente as mulheres que tinham que cobrir o corpo inteiro, ou qual era a razão de serem sempre as mulheres a terem que andar alguns passos atrás dos homens, quando surgiu um problema mais urgente para uma adolescente ocidental de treze anos do que imaginar uma revolução cultural em um contexto com que ela nem tinha tido contato ainda:

"Mãe, cadê a minha mala?"

Diferente do que talvez fosse esperado para qualquer garota nessa idade, quando minha mãe me informou que iríamos nos mudar com meu padrasto para o Iraque, fui tomada pela empolgação. Só que, típico da dinâmica da minha mãe, a frase "nós vamos viver em Bagdá" não era uma notificação para nos preparar psicologicamente para algo que ocorreria dentro de alguns meses; era mais próximo de: "Façam as malas porque nos mudaremos em duas semanas". Nesse período tomamos as vacinas obrigatórias para a viagem e fizemos alguns exames médicos. Pela rapidez com que tudo aconteceu, só o que pudemos fazer foi exatamente uma mala de roupas – o restante ficaria para trás.

Em meio a uma guerra que assolava aquele país, a chance de levar móveis em um contêiner e ele chegar não existia, e o jeito era desapegar e seguir em frente com o que coubesse em apenas uma mala. Mas, é claro, por eu ser a mais velha e ainda por cima menina, não quis misturar minhas coisas com as dos meus irmãos, nem mesmo com as da minha irmãzinha Elora, de apenas três anos. Resultado: a companhia aérea perdeu, lá na França, justamente a mala com as roupas da adolescente que estava indo *morar* em um país árabe. Não era como se eu pudesse comprar roupas novas para mim, vinda de uma situação altamente privilegiada como eu vinha. O mercado da moda feminina ali no Iraque era um dos mais simples do mundo: as mulheres usavam burca, nada mais. Eu estava disposta a abraçar um pouco da cultura local, mas fazê-lo assim, logo no primeiro dia, era missão complicada! Além disso, o calor local era infernal, e as burcas pretas não facilitavam a adaptação à temperatura. Era, para mim, como usar terno no verão carioca de mais de quarenta graus.

Em 1987, ainda não havia sistemas de rastreamento de bagagem ou qualquer facilidade tecnológica das que desfrutamos hoje em dia, que possibilita que esse estresse seja aliviado. Naquele tempo, tudo o que se podia fazer era esperar que a companhia aérea comunicasse o aeroporto sobre o extravio da mala e torcer muito para que ela não tivesse sido enviada para o outro lado do mundo. Mas considerando que a minha localização atual era Bagdá, era melhor nem torcer muito para não criar falsas esperanças. No fim, a solução mais rápida foi comprar uma burca mesmo, e minha mãe usou uma faixa que ela tinha como se fosse um cinto, para quem sabe fingir que era um vestidinho. Não deu certo, minha mente e meu coração não se deixaram enganar. Mas é aquela máxima que ninguém gosta de ouvir, mas da qual ninguém jamais discordou: "O que não tem solução, solucionado está".

Na realidade, o povo local passava por tantas adversidades que o meu problema era totalmente irrisório. O Iraque, em 1987, estava em plena guerra contra o Irã. Porém, para a adolescente que eu era, tendo deixado boa parte de uma vida para trás, incluindo o próprio pai, a situação foi decepcionante.

Não pretendo me enveredar pelos meandros da geopolítica nos anos 1980, mas apenas como forma de contextualização, Saddam Hussein, ditador do Iraque, um dia resolveu invadir seu vizinho, o Irã, por conta de antigas escaramuças territoriais. Talvez eles achassem que resolveriam tudo em poucas semanas ou meses, só que não aconteceu dessa maneira. E sete anos depois, quando desembarcávamos em Bagdá, os dois lados ainda guerreavam e não havia sinais para o fim do conflito. O Brasil virou personagem disso tudo por conta dos caprichos da História.

Apenas um ano antes de eu nascer, o mundo passou por um dos seus maiores cataclismos: a crise do petróleo, quando o cartel dos países produtores da commodity decidiu aumentar o seu preço e não havia nada que pudesse ser feito. Quando o valor do barril do petróleo quadruplicou, o Brasil era o sétimo maior importador – sendo que os outros seis eram países ricos. Uma das saídas encontradas para o pandemônio que se abateu no Brasil – que usava quase metade das suas exportações só para pagar a conta do petróleo – foi iniciar o programa Pró-Álcool, por meio do qual a tecnologia nacional desenvolveu uma alternativa à gasolina, através do uso de etanol como combustível. Mas o Brasil, embora grande, não tinha álcool suficiente para dar conta da demanda do país. Só que como já dizia o clichê, que deve ter sido inventado por um brasileiro: "Toda crise é uma oportunidade".

Assim, o raciocínio foi: pelo valor do petróleo, que continuou nas alturas mesmo diminuindo um pouco ao longo dos anos, o Iraque tinha reservas financeiras que não acabavam mais. Mas o resto faltava ao país, de alimentos e produtos manufaturados a infraestrutura. Isso eram coisas que o Brasil podia oferecer, então os dois países sentaram para conversar, e logo nos tornamos o terceiro maior parceiro comercial do Iraque, e o principal setor beneficiado foi a construção civil. A empresa Mendes Júnior, grande nome em obras no Brasil, assinou o maior contrato de uma empresa nacional no exterior até então: 1,3 bilhão de dólares para construir a ferrovia que ligava a cidade de Akashat à capital do país, Bagdá[5] – minha nova residência.

A lua de mel comercial entre os dois países, especialmente para as empresas brasileiras, começou a degringolar em virtude de um evento que pegou todos de surpresa – apesar de previsível: uma guerra com o país vizinho. A partir daí, o Iraque deixou de cumprir suas obrigações financeiras com os brasileiros, até o ponto que chegou em litígio internacional. E foi nesse momento da História que uma pequena Dri Alcântara foi para Bagdá.

Quando eu tinha oito anos, minha mãe se casou novamente. Seu nome era Attila de Sousa Leão Andrade Jr., um segundo pai para mim. Eles haviam se conhecido em um cruzeiro, e depois de alguns meses de namoro, ele se mudou do Rio de Janeiro para São Paulo para que os dois pudessem se casar, em uma cerimônia na qual eu fui a dama de honra. Alguns anos depois, nasceu minha irmã Elora.

Com a chegada do Attila, o dia a dia da nossa casa passou a ter encontros falados em língua estrangeira, sempre com muita música – ele tocava piano divinamente – e animação, o que encaixava como uma luva na predisposição da minha mãe a receber pessoas em casa e à sua versatilidade também em línguas e instrumentos – minha mãe tocava piano, violão e acordeão. Deve ter sido por volta dessa época que eu comecei a achar aquele universo de idiomas estrangeiros tão maravilhoso. Quando meu padrasto e minha mãe queriam conversar sem que entendêssemos o que diziam, eles falavam em francês, e eu achava aquilo o máximo. Acredito também que era uma forma de demonstrar como era importante estudar e ser fluente em

---

5 László Varga, "Antes das guerras, país era parceiro comercial do Brasil". *Folha de S. Paulo*, 20 abr. 2003. Disponível em: <https://www1.folha.uol.com.br/fsp/dinheiro/fi2004200307.htm>. Acesso em: 21 set. 2024.

outros idiomas – no mínimo, isso possibilita saber se estão falando mal de você bem na sua frente...

Esse apetite pelo internacional que Attila tinha gerou várias viagens com a minha mãe, e algumas chegavam a durar meses, pois ele costumava dar aulas como professor convidado em diversas universidades ao redor do globo. De fato, ele era uma sumidade no mundo jurídico internacional, autor de alguns livros sobre o assunto que foram traduzidos para diversas línguas. Era uma combinação interessante ver esse cara com uma intelectualidade ímpar, erudito ao extremo, ao mesmo tempo que tinha ar de jovem viajante sem raízes, sempre de malas prontas para uma nova aventura. E foi no Iraque que essas duas veias convergiram.

As obras da Mendes Júnior para fazer a linha férrea começaram em setembro de 1978 e deviam ser entregues ao governo iraquiano em 1983. Foi exatamente isso que aconteceu. Mas no meio do caminho, começou a guerra, e sem vista para terminar, o país deixou de pagar o que devia para gastar na área militar. A guerra se estendeu, tal qual o tamanho do calote iraquiano. É nesse momento que a empresa convocou uma legião de advogados com experiência em direito internacional privado para buscar uma solução. O nosso paizinho Attila foi convidado a liderá-los.

Não é muito difícil entender por que ele concordaria em se mudar com quatro crianças na bagagem para aquele país, ainda que em guerra. Em termos de comparação, é como se a Dubai de hoje fosse a Bagdá daqueles tempos. Para eles, era muito atrativa a ideia de uma experiência internacional com pessoas do mundo inteiro, vivendo dentro de uma cultura milenar – coisas que imaginamos ver e conhecer apenas nos livros da escola –, ao mesmo tempo que a cidade tinha um lado cosmopolita patrocinado pelo dinheiro do petróleo.

Felizmente, tínhamos o privilégio de morar em uma área segura. Infelizmente, bem diferente da realidade de muitos locais. Do nosso apartamento em Bagdá, podíamos ouvir as bombas, mas não temíamos pela nossa segurança, por mais estranho que possa parecer. Acho que quando estamos no meio de uma situação, depois de um tempo a normalizamos; vira apenas a nossa realidade.

Após dez anos no país, a Mendes Júnior deve ter oferecido todo tipo de garantias de segurança para os seus expatriados no Iraque. O que vinha no pacote: casa, escola internacional e acesso a um mercadinho que trazia coisas do Brasil através de malote. Eu me lembro de nunca haver disponível algo perecível, que precisasse de uma geladeira, pois a viagem para estocar o nosso mercadinho particular era longa. Na cidade, era muito difícil achar frutas frescas, o que mudou bastante a nossa rotina alimentar, pois, como privilegiados economicamente, no Brasil tínhamos frutas em casa. Minha mãe sempre foi adepta de uma boa feira, de um suco espremido na hora, e em Bagdá isso era impossível.

Olhando ao redor, tudo era diferente – a paisagem, as construções, as comidas, e estas traziam a complicação: às vezes comíamos coisas que não sabíamos o que era pois não falávamos árabe e eles, no geral, não falavam inglês. Porém, com a simpatia do povo local, somada à mímica e boa vontade, conseguíamos nos virar. A única coisa extremamente delicada era uma mulher andar sozinha. Isso culturalmente ainda apresentava uma grande distância da realidade a que eu estava acostumada.

A situação da mala extraviada (que apareceu depois de um mês de expectativa) e essa questão de alimentos me trouxe algumas reflexões sobre como as condições de acessos básicos podem ser tão diferentes. O Brasil é um país de contrastes tristes, e com o dia a dia acabamos sendo engolidos por uma rotina e refletimos menos do que deveríamos sobre o assunto. O Iraque me colocou em contato com algo que eu jamais tinha experimentado, com a falta de oferta de coisas às quais eu costumava ter acesso dentro da minha vida privilegiada. Esse talvez tenha sido meu maior choque, mais do que os costumes e uma cultura diferente. Não era como se nós pudéssemos fazer compras. Mesmo com o privilégio de ter condições de comprar, não havia nada à venda. Nenhum dinheiro no mundo pode comprar algo que não existe – o que inevitavelmente trouxe a reflexão sobre o cenário privilegiado no qual nasci e cresci.

A partir de uma situação assim, duas coisas acontecem. A primeira é universal e inescapável: o ser humano descobre sua flexibilidade, se adapta e se acostuma a tudo – ainda bem, pois foi assim que a humanidade chegou até aqui. A segunda coisa é individual pois, diferente da primeira, é uma escolha. Na falta da realidade à qual estamos acostumados, é possível se tornar uma pessoa mais compassiva e solidária, como se um senso de coletividade tomasse conta, a fim de nos ajudar a passar por aquela situação.

Durante o voo, minha mãe conheceu uma mulher chamada Stéphanie, cujo marido brasileiro já morava e trabalhava no Iraque como CEO da montadora Volkswagen. Ela estava viajando com sua filha Ana, que tinha mais ou menos a minha idade. No avião, lembro-me de ter admirado a Ana quando ela falou com os atendentes de bordo em um inglês afinadíssimo. Pensei que eu logo teria a mesma destreza. Ali, rumo a Bagdá, conversando sobre o que esperar do Iraque e coisas do tipo, nós criamos aquela relação que, em geral, tem a duração do tempo de voo. Mas se eu já focava em fazer conexões onde conhecia muita gente, imagine indo morar em um lugar onde não conhecia ninguém nem falava a língua...

Enquanto esperávamos por nossas malas e cada um pegava a sua, foi ficando cada vez mais evidente que a minha não viajara conosco. Dois dias depois, sem nenhum tipo de confirmação que as minhas roupas apareceriam em Bagdá, minha mãe teve uma ideia: além da idade, a Ana também tinha mais ou menos o meu tamanho. Resolvemos fazer uma visita à sua casa e tentar a sorte. Saí de lá com dois shorts, três camisetas e uma calça de moletom, que, somadas às roupas que usei na viagem, compunham o meu guarda-roupa.

É importante ressaltar que ela não estava me emprestando roupas. A partir do momento que ela passava sua mala para mim, Ana cedia algo que também não tinha como repor. Para ajudar alguém, ela abriu a mão de algo. Ela se flexibilizou para que a outra pessoa pudesse ser ajudada. Eram apenas roupas insignificantes, eu sei, mas um simples favor ganha outro nível de relevância e significado, e essa foi uma lição que, apesar de não racionalizar em sua completude na hora, eu consegui internalizar. Ajudar os outros faz bem para a alma. Por mais ridícula que fosse a minha frustração, eu tive ajuda. Mais uma vez, o privilégio.

Flexibilidade para aceitar as oportunidades em nosso caminho e lidar com desafios

Como disse no começo do capítulo, mudar de cidade definitivamente não estava nos meus planos; eu havia acabado de mudar de apartamento em São Paulo, e ainda havia reformado-o para ficar a minha cara. Mas, como sou uma pessoa muito afortunada, assim como meu pai me deu todo o suporte na minha mudança para Nova York, ele também encarou me ajudar no Rio de Janeiro, buscando um apartamento maior para que ele e demais familiares e amigos pudessem vir me visitar e, assim, eu me sentisse menos sozinha. Procuramos juntos possibilidades e finalmente achamos um em Ipanema que atendia às nossas expectativas. Sim, eu sei, luxo de poucos. Obrigada, pai, por sempre me estimular e me acompanhar.

Além da reviravolta de mudar para uma nova cidade, reestruturando toda uma vida no Rio de Janeiro – que nunca é exatamente fácil, ainda que não tão distante de São Paulo –, a própria vaga em si exigia de mim uma saída da zona de conforto.

Ainda que eu adorasse um desafio, e entendesse que em todas as etapas da minha carreira até ali eu jamais havia me esquivado de um, o meu trabalho sempre esteve dentro do universo da produção. Ali, entrando no departamento de aquisição de programação da Globosat, o escopo seria buscar conteúdo para os diversos canais da empresa em mercados internacionais. Na época, ainda não havia a lei que exige uma cota de conteúdo nacional em canais de TV por assinatura (já estava sendo discutida, mas só seria aprovada em 2011). Então era possível montar uma programação comprando conteúdos de fora, os famosos "enlatados", em que bastava legendar e dublar os programas para ter um canal pronto.

Foi isso que me atraiu: a oportunidade de atuar em uma área que eu não conhecia, abrindo uma janela para o mundo e expandindo o meu conhecimento. Eu basicamente tinha que pesquisar programas ao redor do mundo – vindos dos EUA, do Reino Unido, da Argentina, do Canadá, da França ou da Austrália – que poderiam ser interessantes para os diferentes canais por assinatura da Globo e negociar para adquirirmos os produtos da maneira mais rentável possível. Isso exigia realizar muitos contatos internacionais e viajar o mundo em busca das melhores opções nos mercados internacionais.

Um bom exemplo dessas negociações foi o *Super Nanny* na BBC, que teve várias temporadas, algumas da Inglaterra e outras dos Estados Unidos. O programa mostrava como educar crianças. Também havia os programas de gastronomia internacionais, como os do Jamie Oliver. A venda internacional desses produtos acontece normalmente quando eles já foram ao ar em seus países de origem e, muitas vezes, o valor de venda é atrelado ao sucesso da audiência. Com esse desafio, conheci um novo mundo ao redor do universo de TV que eu nem imaginava existir.

Além de viajar, eu precisava conhecer e criar modelos criativos de negócio, alguns contratos de volumes grandes, tudo bem longe da minha zona de conforto, até então focada em produção. Minha experiência me ajudava a questionar os valores, pois eu sabia quanto havia custado para os programas, o que me dava uma vantagem competitiva. Ao mesmo tempo, eu precisava ter uma interface interna muito intensa, tendo reuniões constantes com as equipes do GNT, do Multishow, do Telecine e do SporTV. Por essas circunstâncias, acabei ganhando muita visibilidade, pois interagia com quase todas as equipes da Globosat em vez de me relacionar com um único departamento. A minha sede por criar conexões com o maior número possível de pessoas e a minha flexibilidade para me adaptar com diferentes perfis mais uma vez fizeram a diferença. Na Globosat, conheci muita gente interessante que se transformou em amigos queridos, além de serem referências e valiosas conexões em meu mundo profissional, como: Daniela Mignani, Bruna Demaison, Carolina Iacia e Eduardo Leal.

As pessoas que atuavam no departamento de aquisição praticamente haviam sido criadas ali: o analista havia sido estagiário, o coordenador júnior seria promovido a sênior, cargo que o supervisor já tinha ocupado. Talvez eu tenha sido a primeira pessoa que chegou com um histórico de mercado, com experiência em outras empresas, e eu fui muito bem recebida por todos, pois eles enxergavam o valor dessa visão de alguém vindo de fora. É claro que esse frescor de ideias também veio acompanhado de desafios, pois questionamentos não eram comuns anteriormente. Por essa condição de *outsider* (ou forasteira, por assim dizer), com passagens em diferentes lugares, eu conseguia trazer perspectivas ou oferecer referências distintas. Essa dinâmica, é claro, trazia alguns obstáculos na relação com a minha chefe. Anteriormente, todos que estavam e passaram pelo departamento aprenderam com ela, à maneira dela. Já eu cheguei com um passado que poderia gerar uma evolução ou uma confusão.

Minha equipe direta não poderia ser melhor, o que tornava o meu dia a dia bem divertido. Primeiro, a Carolina Iacia, essa menina doce que me acolheu logo que cheguei. Na época, no início de sua jornada, ela me dava carona todos os dias de Ipanema, onde morávamos, até o Rio Comprido. Ficamos tão próximas que conheci toda a família dela, que obviamente era a base de toda aquela educação, cuidado e meiguice. Depois, tinha o Eduardo Leal. Na época, ele também estava em início de carreira e, assim como a Carol, era um cara superpreparado e dono de um coração de ouro. Edu tinha umas sacadas de humor impagáveis. Juntos, nos divertíamos, nos apoiávamos e aprendíamos muito.

Mesmo com a leveza que criávamos, a dinâmica do departamento, devido à gestão, não era muito fácil, e exigia muita flexibilidade. Havia falhas de comunicação, e a forma como o direcionamento era dado não era construtiva, o que gerava descontentamento. A liderança não se conectava com o time de forma aberta, então não havia proximidade para que ideias e opiniões fluíssem e colaborassem para a evolução de todos na equipe. Como minha posição reportava para a diretora e havia uma equipe abaixo de mim, eu ficava naquele meio do caminho ingrato de tentar achar um denominador comum.

No trabalho, sempre encontramos perfis com os quais nos identificamos e outros que são mais desafiadores. Acredito que esse período de liderança foi um dos que mais trabalhou a minha flexibilidade. Não era fácil, eu tendo passado por tantos lugares, pensar com o que eu poderia agregar e não conseguir mudar nada. Mesmo com os obstáculos, eu estava evoluindo, aprendendo uma nova função, com a Carol e o Edu do meu lado, que faziam o dia a dia ser leve e valer a pena.

Depois de alguns meses, a empresa decidiu fazer uma dinâmica de grupo conduzida por uma consultoria externa, a fim de fazer um *assessment* de perfis de liderança. Nessa atividade, cada grupo contaria com cinquenta participantes e, no final, seriam identificados os líderes entre eles. Após os três dias de dinâmica, 48 pessoas votaram em mim – sendo os únicos votos divergentes o meu, que indiquei outra pessoa do grupo, e alguém que votou em si mesmo.

Achei esse acontecimento bem curioso. Eu sentia que não tinha feito nada de mais, mas na verdade atuei como líder, organizando as ideias e costurando opiniões para que conseguíssemos ter, como grupo, o melhor desempenho. É impressionante a importância da comunicação e como ela faz a gente se destacar na multidão. Às vezes, você não sabe mais que o outro, mas se consegue colocar seu ponto de forma resumida, com o nível certo de informações e detalhes que o provem, sendo claro e sem perder a atenção do interlocutor, assim sua mensagem é transmitida com mais eficácia. Se você tem todas as informações para provar um ponto, mas as coloca de forma confusa, você não prova seu argumento e ninguém entende a sua visão. É similar à forma com que aprendemos a articular textos na escola. A redação tem que ter começo, meio e fim, e o meio precisa defender o fim, ou seja, a sua conclusão, de maneira organizada e coerente.

O curioso é que, durante a dinâmica, ninguém ali – entre diretores, gerentes, estagiários – podia revelar qual era o cargo que ocupava de fato. Mas, de alguma forma, por conta da minha personalidade de tomar iniciativa, de me engajar com a proposta, acabei me destacando. Quando fui receber o feedback individual da diretora do RH, tendo também a presença da minha chefe, o grupo havia me definido meio que como um Romário, um Ronaldinho.

"Mas a sua gestora não te vê dessa maneira, Adriana."

"Acontece que quando um Ronaldinho ou um Romário entra em campo, ele sabe para que lado correr e em qual gol chutar por conta da cor da camisa que usa. Mas se você o colocar para jogar sem identificar claramente de qual time faz parte, não adianta nada ser um craque. Antes de começar a partida, já tem 50% de chance de dar errado."

Elas me olharam como se eu tivesse falado grego.

"Sinto dificuldade em entender a estratégia da minha gestora e em ser direcionada. Não sei como ela espera que eu atue", concluí.

Ao desenvolver essa analogia, utilizando muitas palavras quando uma bastaria, a conversa se direcionou para a minha comunicação – ou a falta de eficiência nela.

"Você deve estar com dificuldades de se expressar e de se fazer entender para sua gestora", a diretora do RH disse, completando que incluiria na minha avaliação final uma sugestão para que eu fizesse um curso de teatro.

Foi a minha vez de olhar para ela com incredulidade. Eu havia me destacado "apenas" por escutar todo mundo e vários pontos de vista para chegar a uma melhor decisão para o grupo, mas ali estavam levando em conta que minha gestora estava 100% certa, e eu, 100% errada. Os problemas de clareza e comunicação não estão sempre em pelo menos duas pessoas ou mais? O RH achou mais produtivo colocar o problema totalmente em mim do que usar a conversa como uma oportunidade de melhorar a comunicação entre minha gestora e eu. Achei aquilo injusto com ela, comigo e com a empresa, que havia investido muito naquela dinâmica. Saí de mim.

"E que curso você sugere que eu faça? Eu sou atriz profissional, formada pelo Instituto Lee Strasberg, em Nova York, atuei em duas novelas, três minisséries e três peças de teatro."

Foi uma resposta bem ácida, bem errada e bem arrogante, mas era compatível com meu sangue quente daquele momento, pois eu não conseguia compreender como, mesmo depois de uma avaliação como aquela, em que consegui por três dias me comunicar bem o suficiente com 49 estranhos ao ponto de me tornar a líder do grupo, o problema continuava sendo eu! Ainda por cima, estavam sugerindo uma solução que não ia evoluir ninguém – nem eu, nem a minha chefe, e muito menos a nossa dinâmica de trabalho. Aquela conversa era uma perda de tempo. Fiquei me perguntando se o RH, com toda a sua experiência, de fato acreditava que a sugestão era válida e que levaria a um melhor relacionamento entre nós e a melhores resultados para a empresa.

E, realmente, aquele feedback não levou a nada. Eu já havia tentado migrar para outro departamento, e convites não faltavam, mas por "pior" que eu fosse, minha chefe não me deixava sair. Havia uma prática interna que o gestor atual tinha que concordar para que o profissional fosse para outro departamento. Embora injusto, era como funcionava. O jeito foi ser cada dia mais flexível e continuar olhando o lado bom daquele desafio profissional. Eu estava aprendendo a negociar com pessoas de todos os países do mundo, conhecendo incontáveis mercados internacionais de conteúdo audiovisual. Focar o pensamento nos pontos positivos diminui a relevância dos pontos negativos e eleva a energia. Com foco nos pontos negativos, parece que vamos para o trabalho com cem quilos nas costas, e apenas sobreviver às horas no escritório se torna um objetivo difícil e cansativo.

Quando um novo desafio chegou, pedi demissão. Minha gestora me chamou para um jantar, e foi a primeira vez depois de quase dois anos trabalhando juntas que nos vimos fora do ambiente de trabalho. O que para mim sempre foi uma prática muito natural nunca havia acontecido com ela. Não havia abertura alguma para que eu pudesse propor algo similar. Mesmo nas viagens que fizemos juntas, ela ia em outro voo, ficava em outro hotel, jantava com contatos a que eu não tinha acesso. Depois de quase dois anos trabalhando juntas diretamente, eu não sabia absolutamente nada de sua história, seu modo de pensar, suas prioridades, seus desafios, muito menos suas fraquezas e frustrações.

Conversamos abertamente e, curiosamente, ela se abriu para mim. Contou que era tímida e que tinha dificuldade em expor seu pensamento de forma aberta em uma conversa, por isso acabava dando ordens em vez de trocar possibilidades, porque era mais fácil para ela. Achei muito genuíno. Ela também pontuou que via em mim muito do preparo que ela tinha na minha idade. Achei curioso, pois me considero bastante aberta e comunicativa, mas vi como um elogio. Afinal, ela era diretora da Globosat havia muitos anos.

Essa experiência me ensinou a ter flexibilidade e empatia. Entender que nem todos têm a mesma facilidade de se comunicar ou a mesma visão sobre as coisas, e que, às vezes, o conteúdo fica comprometido por conta da forma como o apresentamos. Enquanto ela tinha dificuldade na escuta, em mudar a própria forma de ver as coisas, eu confesso que também não tive inteligência emocional suficiente para lidar com aquela relação. Hoje, eu teria a proatividade de abrir as minhas fraquezas para, quem sabe, ela abrir alguma coisa de volta. Na época me intimidei com a barreira que ela colocava e me postei cada vez mais distante, como se derrubar aquele muro fosse impossível. Lição que aprendi naquele jantar: nunca é impossível se conectar.

A conversa foi ótima e um fechamento necessário para que eu saísse com esse aprendizado. Sinto não termos tido a mesma oportunidade no início da minha história na Globosat, pois talvez as coisas tivessem sido diferentes. Mas ali eu estava desgastada, e era hora de um próximo passo, que veio de uma indicação ali dentro: Daniela Mignani, na época gerente de marketing do Multishow.

De volta a Bagdá

Depois de anos com a Mendes Júnior no país, não era surpresa que houvesse uma comunidade considerável de brasileiros no Iraque. Ela se dividia entre as famílias dos engenheiros, que viviam em vilas montadas próximas às obras e contavam com escolas que davam aulas em português para seus filhos, e as famílias dos funcionários das áreas administrativas da empresa, que viviam na capital – este era o nosso caso.

Uma das condições impostas pela minha mãe e por Attila, e talvez aquela que justificasse ter nos levado à Bagdá, era estudarmos em uma escola internacional, a Baghdad International School, a BIS. Ela ficava ao lado do prédio da Organização das Nações Unidas no Iraque, e isso trazia certa segurança para o local. Esse prédio da ONU contava com um abrigo subterrâneo em cuja direção constantemente treinávamos para correr caso algo acontecesse – leia-se: se bombas começassem a voar em direção a Bagdá. Inclusive, em um desses treinamentos que, para se aproximar da realidade, ocorriam de forma repentina, mas recorrente, eu estava no banheiro e não ouvi o alarme soar. Quando voltei à sala de aula, não tinha mais ninguém lá. Eu sabia o que estava acontecendo, mas antes que pudesse me dirigir ao abrigo, um professor veio correndo desesperado para me buscar. Quando eu cheguei lá fora, a escola inteira olhava para mim. Foi constrangedor, e me lembro até hoje de como me senti. Estava na escola havia pouco tempo, e com a comunicação ainda muito comprometida. Não me senti bem de a escola toda me ver em uma situação tão vulnerável.

Essa era uma escola onde apenas os filhos de expatriados estudavam; os únicos iraquianos que havia lá eram filhos de diplomatas, talvez como forma de fazer algum tipo de integração internacional para quando se mudassem para outro país. Era a única exceção. Mas independentemente de onde eu estivesse matriculada, o fato é que teria que me virar no inglês. Com treze anos, minha noção do idioma vinha muito mais pelas músicas estrangeiras que eu ouvia do que pelas aulas da escola.

Lá não havia nenhuma espécie de aula de apoio em inglês; a ideia era simplesmente aprender ao longo do percurso. Na *elementary school*, ou ensino fundamental, tinha o programa escolar normal, e depois havia uma hora adicional de estudos para quem não era fluente. Mas no *high school*, ou ensino médio, presumia-se que você já era fluente, o que estava longe de ser o meu caso. Adicione a isso uma salada de sotaques, que iam do japonês, com suas consoantes que se confundiam, ao italiano, tão cantado que você não distinguia uma pergunta de uma afirmação, e pronto: estávamos na mais perfeita representação moderna da Torre de Babel – que, por sinal, ficava no Iraque.

Como acontecia com tudo ali, para mim, no primeiro momento, aquilo foi bem estranho. Justo eu, a pessoa que podia ter "comunicação" como nome composto, não conseguia ir além de *good morning* e *how are you*? De certa maneira, todos ali estavam experienciando uma escola internacional pela primeira vez e compartilharam em algum momento o mesmo desafio. Como todo mundo tinha que dançar conforme a música, ainda que sem saber os passos da coreografia, a gente se virava como podia. Éramos um bando de adolescentes, jogados aos leões, que a cada dia aprendia a domar suas vergonhas e frustrações pela barreira das diferentes culturas. Com paciência e muita mímica da minha parte, no fim passou a ser divertido.

Era exatamente dessa babilônia de culturas e vivências que eu mais gostava. Em que outro lugar eu poderia aprender algo sobre a França, a Austrália, a Romênia, enquanto vivia em um país árabe, tudo no mesmo dia? Qualquer pessoa com quem eu conversasse tinha uma história interessante para contar. Além de serem nativos de locais diferentes, todos haviam morado em vários países estrangeiros. Falavam de suas culturas, mas também de como se adaptaram e aprenderam nos diferentes lugares em que moraram. Interessante pensar que a cultura acaba ditando a nossa forma de falar, de escolher as palavras, seja na língua que for. A cultura permeia nosso paladar, nossa vestimenta, os esportes de que gostamos. Mais do que tudo, a cultura modela nossa forma de nos relacionar com as pessoas ao nosso redor.

Uma das situações mais engraçadas e surreais aconteceu quando foi anunciado que haveria uma apresentação na escola ao estilo show de talentos. Havia um grupinho de meninas que gostavam de balé – e a verdadeira prova de amor à dança era quem havia incluído na bagagem uma sapatilha de ponta –, nos juntamos e decidimos que o nosso quadro seria uma apresentação de balé clássico.

Certo dia, uma das meninas do grupo ligou lá em casa. Não lembro seu nome nem a nacionalidade. Ela disse que a sua sapatilha de ponta estava pequena e que queria trocar comigo. Seu argumento era que nós calçávamos o mesmo número, logo a minha sapatilha serviria perfeitamente nela. Comentei que, se nós calçávamos o mesmo número, e a sapatilha dela estava apertada, o mesmo aconteceria comigo. Sua resposta foi apenas: "Não, Adriana, vai ficar boa no seu pé".

Esse bate e volta a respeito de uma obviedade durou alguns minutos, e eu tentava me defender com meu inglês ainda bem precário – Attila ria ao meu lado enquanto ouvia a conversa, incrédulo. Não sei em que ela estava pensando, se achou que a brasileira do grupo seria a mais fácil de ser enganada, ou se ela realmente acreditava no "dois mais dois é igual a três" de que tentava me convencer. De qualquer maneira, erro crasso. E eu entendia o drama dela, eu mesma havia experienciado isso havia poucos meses, antes de a minha mala finalmente aparecer. Não era como se ela pudesse ir até uma loja e encontrar uma sapatilha perfeita. E além do mais, é claro, aquele era um momento único. Em uma comunidade em que tudo girava em torno da escola, quase todos os programas familiares, festas de aniversário e eventos menores eram com as mesmas pessoas que frequentavam aquele ambiente. Em termos de entretenimento, não havia teatro, cinema, parques de diversão nem sequer parques comuns. As relações formadas estavam nichadas naquele espaço em que orbitava a escola internacional.

Podíamos estar no Iraque, vivendo ali, mas continuava sendo um país estrangeiro para nós. Então, quando surgiu um show de talentos, que só aconteceria uma vez no ano, com toda aquela visibilidade, todos queríamos participar na melhor condição, para entregar a melhor performance possível. Era pouco? Sim. Mas era o que tínhamos.

Eu também sei que apenas alguns meses antes eu havia passado pela experiência de encontrar uma garota querida que me deu suas roupas em uma hora de necessidade. Mesmo em uma situação como aquela – tendo a oportunidade de participar do evento do ano, afinal de contas, o que mais poderíamos esperar que acontecesse em termos de diversão num Iraque em guerra? –, eu emprestaria a minha sapatilha caso ela viesse com uma história do tipo: "Minha mãe está indo embora e vamos ficar sem nos ver durante anos, e eu queria oferecer essa apresentação de balé como despedida para ela". Sim. Se fosse algo nesse nível para mais trágico, eu abriria mão da minha sapatilha. Agora, a europeia veio com um argumento impossível, tentando ser mais esperta que a brasileira?

De qualquer maneira, eu sendo eu, aceitei tentarmos aquela troca para ver se podia acontecer, mas a sapatilha dela não entrava de jeito algum no meu pé. Ofereci então a minha sapatilha de meia ponta, que eu também havia levado, e coloquei as fitas de amarrar ao redor do tornozelo dela, igual se faz com as sapatilhas de ponta. Como aprendi com minha mãe no dia do "vestido" feito de burca, a criatividade pode ajudar a minimizar os desafios da nossa realidade e a fazer as coisas acontecerem de forma feliz. Sempre digo à minha filha que a vida é mais fácil quando trabalhamos com soluções. Assim, pudemos dançar todas juntas com a plateia cheia, em uma noite inesquecível no centro de Bagdá.

Eu tinha consciência do privilégio que experienciava. Eu não conhecia ninguém mais que tinha aquela oportunidade. Apesar da saudade de casa e das amizades do Brasil, o fato é que, com treze anos, o máximo que eu estava perdendo eram festinhas de aniversário. Não era como se eu estivesse nos meus vinte e poucos anos, com toda a turma viajando de carro para a praia no fim de semana. Mesmo assim, no fim do dia, eu sentia falta das minhas amigas. O que eu mais queria era poder chegar em casa, pegar o telefone e ligar para cada uma delas para contar sobre como fora o meu dia.

Mas não era possível. Aquele era o Iraque em guerra. A comunicação era totalmente controlada pelo governo de Saddam Hussein. As poucas famílias que tinham aparelho telefônico em casa, como nós, só conseguiam fazer chamadas locais; era impossível fazer uma ligação internacional. Lembro que, por exemplo, quando foi aniversário do meu pai, dia 8 de setembro, nós precisamos marcar um horário com a embaixada brasileira para ligarmos para ele de lá. Agendamos com dois meses de antecedência. O curioso é que deu para sentir na pele um pouquinho a forma como justamente ele, meu pai, nascido em 1941, gostava de contar como eram feitos os telefonemas na "sua época": era preciso ligar para a telefonista e coordenar tudo, agendar determinado horário para a pessoa retornar ao aparelho e completar a ligação. Depois dessa experiência, o valor que damos para poder falar com alguém a qualquer hora muda.

98

A outra saída para uma comunicação externa era através de cartas, mas que também tinham suas restrições. Tudo era interceptado pelo governo. Acredito que, durante o período de guerra, bem possivelmente antes e depois também, não houve uma só carta depositada na caixa de correio do Iraque que não foi lida logo em seguida por um agente iraquiano. E como eles não tinham pudor em esconder o que faziam – esqueça qualquer cena de um espião cuidadoso usando o vapor de uma chaleira para abrir um envelope sem deixar rastros –, o resultado era que muitas dessas cartas jamais chegavam ao seu destino. Ou eram pura e simplesmente censuradas, ou o bisbilhotamento feito danificava o envelope a ponto de a carta terminar extraviada.

A saída, para nós, brasileiros, era usar a Mendes Júnior e seu malote de correspondência que, uma vez por mês, saía de Bagdá rumo a São Paulo sem passar pelos olhos curiosos e dedos inábeis dos serviços de espionagem de Saddam Hussein. O mesmo ocorria do lado de lá: quando minhas amigas queriam me escrever, precisavam levar até o escritório da Mendes Júnior até tal dia, para dar tempo de entrar no malote mensal da empresa. Durante todo o período em que vivi no Iraque, foi assim que eu me comuniquei com minhas amigas – o que foi uma grande perda para os agentes iraquianos, pois eram as cartas mais lindas e multicoloridas que alguém pode imaginar. Adesivos, desenhos com lápis de cor, canetinhas fosforescentes e tudo de mais imaginativo que o papel conseguisse suportar.

Como eu tinha escolhido ter aulas do idioma árabe também, eu sempre escrevia os nomes delas nessa língua. Era uma coisa bem adolescente dos anos 1980, mas a sensação era de estar em 1880. Pois entre o tempo de escrevermos e recebermos uma resposta, dava uns três meses. As novidades que líamos umas das outras já estavam no passado. A fofoca de uma festa de aniversário em agosto eu ficava sabendo em novembro. O garoto legal, carinhoso e lindo pela qual alguma delas havia se apaixonado transformava-se em um chato sacana nem tão lindo assim, apenas três meses depois.

Localmente, eu acabei me aproximando da escocesa Sara, que era da minha sala. Por coincidência, ela morava no mesmo prédio que eu, no bairro Al Mansur. O prédio tinha duas torres e uma piscina no meio, que frequentávamos aos finais de semana. Só moravam estrangeiros lá, e por isso o uso de biquíni era permitido. Por algum tempo, a minha vida se resumia entre casa e escola, até virarmos sócios no British Club, que também tinha uma piscina, e mais nada. Mesmo assim, era bom quebrar um pouco da rotina nos finais de semana. A Ana, que me emprestou as peças de roupa, também era sócia de lá, então eu tinha uma companhia da minha idade para conversar.

Também ganhei mais amigos de outros anos quando minha mãe virou a professora de música da escola – tanto para o meu ano, quanto para as turmas mais velhas. Na verdade, minha mãe também é advogada, mas meus avós a fizeram estudar de tudo. Fala vários idiomas e toca vários instrumentos, o que em um país em guerra era mais que suficiente para conquistar aquela posição. Flexibilidade nunca lhe faltou e, quando ela viu a oportunidade, agarrou-a.

Flexibilidade para ajustar a rota e desbravar novos caminhos

Mesmo adorando a função que desempenhava na Globosat, eu não enxergava muito uma oportunidade de crescimento ali, principalmente no departamento em que eu estava. Fiz amigos em todos os canais, pessoas que me acompanham até hoje, uma rede de conexões com profissionais incrivelmente competentes com uma enorme relevância de mercado. Mesmo assim, decidi sair, e acho que essa foi uma das poucas vezes em que fiz um movimento realmente pensado de carreira, pois fui testar minha flexibilidade do outro lado do balcão.

Uma dessas pessoas que conheci, e que se tornou minha grande amiga, foi a Daniela Mignani, gerente de marketing do Multishow. Ela era casada com o José Luis Volpini que, naquele momento, estava montando a operação para lançar a Oi TV, operação de

TV por assinatura via satélite da Oi. Eu já havia conhecido o Volpini, pois éramos vizinhos em Ipanema. Daniela recomendou meu nome, pois acreditava que eu tinha um leque interessante de experiências para a posição: produção, negociação tanto nacional quanto internacional, e os próprios atributos de comunicação e liderança. Além do mais, eu já estava no Rio, o que era uma dor de cabeça (e no bolso) a menos.

Quem é que não toparia participar da criação do zero de uma operação de televisão? Esse lugar mágico onde tudo é possível... Bom, se simplesmente a teoria fosse igual à prática... Eu vinha de empresas ligadas à venda emocional, de conteúdos e projetos nos quais lucros e dividendos só aconteciam através da conexão emocional das pessoas com os produtos. Mas na Oi ninguém queria perder muito tempo se emocionando. Era tudo na base do "quanto custa?", "quanto vai cobrar?", "qual é a margem?" – um DNA mais rígido guiado pelos números, tendo como objetivo que estes ficassem no azul, com sinal positivo e em crescimento constante. Uma empresa dominada por homens, como acredito que sejam praticamente todas as empresas e faculdades de engenharia.

Não me entenda mal. Toda empresa existe para ter lucro, concordo. É isso que justifica sua existência, e todo o resto apenas orbita ao redor dessa razão de ser. Apesar de me envolver mais na parte lúdica da televisão, eu nunca perdi de vista e sempre compreendi que ela só acontece se estiver amparada por resultados positivos de negócio. Inclusive, me dediquei a um mestrado para me preparar para gerir um plano de negócios em toda a sua complexidade. Mas aquela seria a primeira vez que eu seria a responsável por conciliar esses dois espectros, e logo entendi que não causaria nenhuma mudança sendo a revolucionária de humanas no mundo da pureza das exatas. Seria preciso ajustar o meu discurso para uma audiência diferente do que conheci em vinte anos de carreira.

Foi preciso aprender a focar em cada argumento sobre como um programa se conecta ao público, a rentabilidade que ele pode trazer; na hora de falar sobre o potencial de um projeto por conta da tendência de comportamento, trazer junto as estimativas de conversão. Conforme aprendi a navegar por aquelas águas, eu conquistei uma sensação de gratificação interna, uma felicidade genuína que me motivava ainda mais, pois aquilo tudo era muito desafiador para mim. Eu não sabia nada daquele mundo, e nessas situações precisamos ser estratégicos e flexíveis. Valia a pena mostrar vulnerabilidade, mas ela tinha que vir com o valor que eu podia agregar, afinal, me contrataram porque eu sabia alguma coisa, e isso precisava equilibrar o que eu não sabia.

Logo que cheguei, confesso que me senti dominada pela timidez, pois era a primeira vez eu tinha uma equipe direta tão grande. Na primeira reunião, todos colocaram os celulares em cima da mesa, e em 2008 isso ainda era visto como um sinal de desrespeito no meu antigo mundo corporativo. Depois entendi que em uma Telecom isso é a prática, que nas mesas não há telefone fixo e que os celulares são uma extensão do corpo humano.

A equipe era afiada. Por coincidência do destino, entre os membros estava a Bruna Demaison, que saiu da Globosat para a Oi alguns meses antes de mim. Bruna me ajudava a disseminar a cultura de TV em uma equipe que vinha com outras experiências, e também estava no mesmo barco que eu, tentando aprender competências que não tinha. Alguns meses depois da minha chegada, abriu uma vaga e eu trouxe minha fiel escudeira da Globosat, a Carolina Iacia. Depois de alguns anos, em um processo de entrevista, conheci a Carolina Andrade, que deixou o canal Brasil para se juntar a nós. Eu não a conheci na Globosat, mas na Oi, e ela veio na hora certa, para o trabalho certo e foi quem tocou as coisas durante a minha licença-maternidade. Além delas, havia outras pessoas que se revezavam em vagas da Oi. A estrutura da empresa mudava a cada seis meses, o que representava novo chefe e nova equipe. Quando tudo estava bom, sabíamos que podia piorar logo; e quando estava ruim, sabíamos que logo mudaria, mas que pior não dava para ficar.

Assim, eu tinha um time com muita experiência em navegar a Oi, mas pouca experiência em conteúdo, qualquer que fosse o formato. Nessa época, a área conhecida como serviço de valor agregado (SVA) fazia fortunas vendendo *ringtones*, papéis de parede para celular, serviços de horóscopo e outras coisas impensáveis nos dias de hoje. E eu era tão por fora desse mundo que demorei meses para saber que SVA e VAS eram a mesma coisa, o primeiro em português e o segundo em inglês, *valued aggregated services*. Perdi algumas noites de sono no início dos meus dias na Oi; eram tantas siglas que eu achava que nunca iria me sentir em casa. O pior é que eu não tinha para quem ligar, pois minha rede de contatos também não era desse mundo. Portanto, eu tinha que me virar sozinha e achar uma fórmula de sucesso. Como quase ninguém tinha trabalhado em TV, o jeito era primeiro mostrar o que eu sabia e as referências que eu tinha, para depois equilibrar e trazer as minhas fraquezas.

A única coisa que existia de conteúdo na Oi na época era o "Oi Futuro", o instituto da empresa que financiava projetos culturais, como o Festival de Cinema do Rio de Janeiro e o Rio Content Market, que, por sinal, só saiu do papel graças ao investimento da Oi TV na primeira edição. Mas isso era tão apartado da nossa realidade ali que, inclusive, ficava em outro prédio. Era um grande desafio trazer uma perspectiva menos rígida para uma venda emocional dentro de uma empresa como a Oi.

Uma família assina TV por assinatura porque quer ter tempo junta para assistir a um filme, porque quer que os filhos tenham opções de programação infantil a qualquer hora do dia, para que conheçam outros países e mundos muitas vezes inviáveis de serem visitados pessoalmente. A venda da Oi TV era, na verdade, a venda dos canais que estavam dentro dela, e não a venda daquele equipamento, afinal, ninguém escolhe a TV que vai assinar porque a caixinha é mais bonita. Sem contar que a Oi TV era o primeiro produto da Oi com sócios. Na prática, cada canal que estava nos pacotes da Oi TV recebia um repasse de pagamento mensal e também aprovava todas as promoções e comunicações. Os demais produtos que a Oi comercializava eram 100% da empresa.

A minha própria figura – Adriana Alcântara com 1,66 metro de altura, 50 quilos e de silhueta frágil como uma porcelana chinesa, que precisava se sentar junto à diretoria, composta apenas de homens acostumados com produtos muito mais tangíveis que a venda de uma TV por assinatura – já era um desafio. Mas conforme eu ganhava credibilidade, conquistava a confiança deles, sem engrossar a voz ou usar salto enorme para aumentar a altura. Assim, eu me motivava ainda mais – e ficava imensamente feliz não por ter a aprovação dos homens, mas por conseguir superar as minhas próprias limitações iniciais. No fim, aprendi muito com eles e com seus modelos de gestão e experiência. Ganhei um bom equilíbrio de exatas para meu cérebro tão de humanas.

É preciso, no entanto, também destacar um fator diferencial muito grande que foi o Volpini, que me empoderou demais nesse processo. Lembro-me de uma reunião em específico em Miami, com a HBO, que estava sendo uma negociação muito difícil. Toda a liderança da América Latina do canal era de mexicanos, venezuelanos e outros latinos, ainda menos acostumados a uma liderança feminina – era preciso muita flexibilidade para fazer acontecer. Tanto que chegou um momento em que eu disse que seria melhor o Volpini tocar o resto da conversa, pois corria o risco de o negócio naufragar.

Nessa reunião em específico, ele foi comigo porque eu insisti, para o bem da empresa. Mas, chegando lá, com todos aqueles homens interagindo apenas com ele, o Volpini ficava mudo, abrindo a boca só para dizer:

"Isso é com a Adriana, ela é quem vai definir."

Ele fez questão de me colocar em um lugar de relevância. Ele foi o chefe que mais me empoderou e fez isso de maneira gentil comigo e com os demais. Tenho imensa gratidão e infinitas lembranças de nossa convivência e da forma leve como tocávamos desafios e metas bastante pesados. Nosso dia a dia era divertido, engraçado e fluido mesmo em uma empresa cheia de pressão e cobrança por resultados. Aprendi muito com ele.

Foi uma pena que o reconhecimento do meu trabalho – ou até mesmo da minha pessoa – precisou vir de uma tabelinha com ele. Mesmo assim, qualquer movimento de empoderar uma mulher contribui para buscarmos um equilíbrio melhor em cargos de liderança. Tenho muita sorte de ter tido essa possibilidade, a qual eu sempre fiz e faço questão de replicar conforme galguei postos mais altos na minha trajetória.

Muitas vezes eu refleti sobre esse ano de 2024 e sobre aquele em que vivi no Iraque – não só pela minha experiência, mas pelo que pude observar em um país em que a escassez é a norma. Conseguir se adaptar é a diferença. O que não é flexível, quebra sob pressão. Minhas passagens pela Globosat e pela Oi TV me faziam pensar sobre aqueles dias de adolescência, pois ali eu estava, de muitas maneiras, longe da minha zona de conforto. Mas quando estamos dispostos a ficar fora dela, encontramos mágica. Ao ser flexível, a gente pode se espantar com o quanto conseguimos suportar e o quanto podemos ir mais longe.

Flexibilidade
Daniela Mignani

> "A única constante da vida é a mudança."
> HERÁCLITO, filósofo grego

E por que é tão difícil mudar?

Mudança é um luto. Um luto simbólico. Porque abandonamos um conjunto de ações, realizações, sentimentos, aprendizados e experiências que eventualmente não vamos mais acessar. E isso dói.

Evolutivamente, o ser humano gosta do conforto e precisa poupar energia para tê-lo. Dessa maneira, armazenamos várias coisas na cabeça para lançarmos mão delas todos os dias, diante de tarefas, desafios, questionamentos. Se não tivermos essa poupança, o esforço é enorme e o gasto de energia, gigante. Portanto, mudar cansa. E, por isso, nós adoramos o *status quo*.

E aí nos deparamos com todos em um estado de exaustão. Por que será?

Porque nunca enfrentamos tantas mudanças ao mesmo tempo, em ciclos cada vez mais curtos. Nunca gastamos tanta energia.

E onde está o nosso refúgio?

Existem dois movimentos que respondem em parte a isso: o conservadorismo e a nostalgia. Estão espalhados em nossos comportamentos e respondem à nossa necessidade de poupar energia para sobreviver. Conseguimos notá-los em diversas frentes da nossa sociedade. Nas pautas de costumes, em nossa negação aos avanços das tecnologias, nas novas versões que assolam o audiovisual e que nos trazem um quentinho na alma, no resgate de modas do passado e por aí vai...

Assim temos a sensação de que conseguimos usar o nosso repertório armazenado, gastando menos energia e vivendo mais momentos em conforto.

Eu vivia um processo de questionamento da minha permanência na empresa em que trabalhava há 22 anos, em diferentes papéis e posições. Cinco anos antes da minha saída, me juntei a uma startup de mentoria para executivos de média e alta gerência. Era o início de uma fase em que eu buscava ampliar os horizontes. Junto a isso, um pequeno investimento em um *pool* de startups, para conhecer esse novo ecossistema de negócios.

Para mim, a pergunta mais difícil era responder: "O que eu gostaria de fazer?".

E a única resposta que eu tinha era a intenção de não me manter no mesmo segmento e de desbravar outros setores e modelos de trabalho.

No momento da minha saída, eu já tinha uma rotina com as mentorias e reuniões mensais com o grupo de investidores das startups. Mesmo assim, apareceu uma tela em branco na minha frente para que meu plano de ação fosse montado para um novo período da vida.

Com 53 anos, uma experiência de 31 anos ininterruptos de vida executiva, com a intenção de mudar de segmento, como dar os primeiros passos?

Em primeiro lugar, optei por aprofundar minha jornada de autoconhecimento. Mais terapia, dois mentores, livros e mais tempo dedicado à minha espiritualidade. Aos poucos, vamos clareando a mente e convergindo para um caminho. Ao longo da minha vida, o que mais fez sentido para mim não foram as escolhas mais óbvias. E isso se reiterava – nesse momento – pelo desejo de fazer algo absolutamente novo.

De mídia e entretenimento, fui estudar agronegócio formalmente em um MBA, fora do estado em que vivo. Na mesma época, fui para o Vale do Silício a fim de conhecer e participar de uma conferência que une universidade, *venture capital* e empreendedores. Fui me capacitar para conselhos de administração. Encarei uma consultoria para um país latino-americano, fiz uma agenda com grandes nomes, pessoas cheias de sabedoria, para trocar ideias e experiências. Conversei com *headhunters*, analisei propostas, estudei informalmente psicologia social e, assim, um ano e três meses se passaram.

Não é simples. Esses movimentos muitas vezes me pareceram difusos e demandaram uma grande energia, humildade e disciplina para estar com as pessoas, agendar conversas e estabelecer um diálogo maduro e produtivo, ainda que não estivesse claro o que eu pretendia fazer.

E digo: precisamos de muita flexibilidade em nosso modelo mental para organizarmos isso. Até então, tudo vinha até a mim, eu estava dentro do sistema há tempos, portanto, exercia baixo esforço e pouco gasto de energia para conseguir o que queria.

Eu descobri que não queria empreender, descobri que não tinha a intenção de encarar uma grande empresa nos moldes da anterior e, em sequência, que gostaria de acréscimos de novas experiências, novos assuntos, gente nova, que desejava testar novas dinâmicas de trabalho.

Mas isso era a minha perspectiva. A partir dela, eu precisaria montar uma narrativa convincente, genuína e cheia de verdade, para que o mercado entendesse a que serviria o meu conjunto de conhecimentos e experiências anteriores. Outro desafio bastante importante.

Isso posto, eu afirmo: ao conquistar esse novo lugar, você simplesmente mexe em todas as suas zonas de conforto. Todas! De uma hora para outra, você sai de referência para aprendiz, precisa usar outras palavras de seu vocabulário e o modo de operar é totalmente diferente. E, além disso tudo, precisa conhecer novas pessoas – essa, sim, é a melhor parte. Mas para isso é necessário muita abertura e disponibilidade interna.

Hoje, me encontro em uma função dentro de uma empresa cuja proposta mira o futuro e a prosperidade do mundo, que tem uma governança arrumada, lida com as maiores empresas em atuação no Brasil, que representam aproximadamente 45% do PIB do país, mas não é uma delas. Ou seja, tenho o mundo corporativo ao meu lado, mas não opero dentro dele.

Ao refletir sobre esse ano, pude sentir na pele um aprendizado recente que adquiri: "A imaginação é mais importante que o conhecimento". Me deparei com essa frase de Albert Einstein em uma aula sobre como recuperar a nossa capacidade imaginativa, onde nos ensinaram que a forma como pensamos o futuro interfere nas nossas atitudes do presente.

Você precisa sonhar, e depois imaginar, e depois agir. Isso lhe dará um superpoder que você nem imagina ter. Um superpoder para transformação.

Com a revolução da longevidade, todos nós fomos convidados a pensar sobre quais caminhos poderemos seguir, se o atual deixar de ser viável. Há quem tenha o privilégio, como eu, de se preparar por um ano para descobrir essa nova etapa, mas a grande maioria talvez não tenha essa chance.

A oportunidade vem de onde menos esperamos. Precisamos ir a lugares que não conhecemos, admirar assuntos diferentes, conversar com pessoas de origens e conhecimentos distintos, e estar abertos a essa onda de novidades. Domar o medo, pois ele estará sempre por perto.

O que está diante de nós é um mundo exponencial em constante mudança. E ela chegará a você cada vez mais rápido.

Como disse uma amiga que conheci recentemente nessas andanças, que se mudou do Brasil para Paris: "A primeira reinvenção é brutal, mas as demais são bem mais suaves". Ela está na terceira.

Daniela Mignani atuou no Banco Nacional, no Grupo Multiplan e no Grupo Globo como diretora-geral dos canais pagos não esportivos. Atualmente, é diretora de relações institucionais e comunicação do Conselho Empresarial Brasileiro de Desenvolvimento Sustentável (CEBDS). Daniela também é coautora do livro *Uma sobe e puxa a outra*.[6]

---

6 Christiane Pelajo *et al.* (Org.), *Uma sobe e puxa a outra*, v. 2. São Paulo: Literare Books International, 2023.

Conectando os pontos

- Conseguir se adaptar é um diferencial importante e a flexibilidade é uma habilidade que ajuda, e muito, na hora de criarmos conexões e quando enfrentamos adversidades. Primeiro, porque nem sempre encontraremos no nosso caminho pessoas com valores, personalidades e perfis iguais ao nosso. É preciso flexibilidade para encontrar um meio para esse relacionamento dar certo. Segundo, mas não menos importante, é porque o que não é flexível quebra sob pressão. Ao ser flexível, a gente pode se espantar com o quanto conseguimos suportar e o quanto podemos ir mais longe.

- O ser humano descobre sua flexibilidade quando se vê diante de uma dificuldade, e ele é capaz de se adaptar e se acostumar a tudo – isso para o bem (adaptabilidade) e para o mal (conformismo).

- Ajudar alguém implica flexibilidade: precisamos abdicar de algo quando decidimos estender a mão para o outro, e o mesmo processo acontece quando nos ajudam.

- Nem sempre as oportunidades que surgem em nosso caminho estão em condições ideais. E a flexibilidade nessa hora é fundamental para não deixar que essas portas se fechem.

COMPARTILHE SUAS RESPOSTAS #CONEXÕES

E agora é a sua vez!

Chegou a hora de fortalecermos a nossa adaptabilidade. O exercício a seguir é extremamente fácil de fazer e ajudará você a treinar a sua flexibilidade mental e comportamental. Vamos lá?

1. Selecione uma atividade que você faz com frequência, como tomar café da manhã, ir ao trabalho, estudar ou fazer exercícios.

2. Modifique algum detalhe significativo na forma como você realiza essa tarefa. Aqui estão algumas sugestões:

   - IR AO TRABALHO: se possível, escolha um novo trajeto para o trabalho ou um transporte diferente.
   - ESTUDO: troque o local onde você costuma estudar por um lugar diferente, como um parque, café ou até mesmo outro cômodo em sua casa.
   - EXERCÍCIO FÍSICO: experimente uma nova modalidade de exercício que você nunca praticou.

3. Após realizar a tarefa modificada, reflita:

   - Como foi a experiência de mudar a rotina?
   - Você se sentiu desconfortável? Se sim, como lidou com isso?
   - O que essa mudança lhe ensinou sobre sua capacidade de se adaptar?

CAPÍTULO 5

Inteligência emocional

Duas palavras que parecem não se encaixar, pois a primeira costuma se relacionar com a nossa parte racional. Mas, na minha experiência de vida, e não só na área profissional, acredito que cruzar o aparente paradoxo entre o ser racional e os sentimentos é um dos maiores desafios e aprendizados que podemos ter. Costuma-se pensar que a inteligência emocional vem com o tempo, quando os brios e as certezas da juventude abrem espaço para a serenidade, para uma visão com maior perspectiva das coisas. Particularmente, acho que o tempo até nos ajuda, sim, pois quanto mais vivemos, mais erramos e, aos poucos, timidamente melhoramos. Ainda que o passar dos anos possa diminuir a chama da nossa reação a incômodos, a inteligência emocional ainda é uma competência que precisa ser trabalhada todos os dias. O lado bom: vivendo em sociedade e fazendo parte do mundo corporativo, não faltam situações para isso.

Adoraria dizer que é uma habilidade que dominei com maestria. Porém, a verdade é bem longe disso. O máximo que posso afirmar é que hoje ela é melhor do que já foi um dia, e isso é uma vitória. Sou de áries com ascendente em gêmeos, e para quem acredita em astrologia, isso já diz muito. Em muitos momentos da vida me vi como uma combinação bombástica de burrice emocional e impulsividade. Minha força e agilidade são boas características, mas acabo, na maioria das vezes, agindo ou falando sem me segurar – a cabeça de áries com a matraca de gêmeos –, e tendo que lidar com as consequências depois. Inteligência emocional está bastante ligada a reflexão. Refletir exige tempo, o que bate de frente com meu impulso de agir e falar.

Nos tempos da Nickelodeon

Como não me canso de repetir, um dos maiores privilégios que tive na carreira foi a chance de trabalhar com pessoas absolutamente incríveis, que elevaram o meu nível de maneiras que nem elas sabem. Mas não quer dizer que escapei de pessoas e situações não tão fantásticas assim. Elas são inevitáveis, infelizmente. Em relações assim, a combinação mágica inteligência + emocional vem a calhar. Se ao menos eu soubesse disso em 2003... Vivendo e aprendendo, não é?

Após anos de casa e familiaridade com a empresa, eu podia verbalizar com mais liberdade os problemas que identificava. Um deles era a questão da gerência de profissionais terceirizados. Na produção nacional da Nickelodeon, toda a equipe de produção era de uma produtora que prestava serviços para a empresa. Como abrir vagas diretas nessas empresas maiores é sempre um desafio, a solução acabava sendo terceirizar até que o projeto crescesse e as vagas fossem aprovadas. Era uma equipe grande formada por jovens, pois a dinâmica de produção de TV no Brasil da época buscava um bom custo-benefício, no qual todos trabalhavam mais que deveriam e ganhavam menos do que mereciam – na minha opinião, pelo menos.

Quando eu expressava abertamente minhas opiniões sobre a necessidade de corrigir essa prática, que estávamos ficando vulneráveis a possíveis processos, abria uma frente de batalha por conta de um outro gerente com quem eu dividia o gerenciamento de produção do canal – ao menos no papel, pois a realidade é que eu também precisava ir além das minhas obrigações para fazer a coisa funcionar. Sobre esse indivíduo, eu poderia conceder muitos adjetivos para defini-lo, mas, para evitar dor de cabeça, compartilho um rápido episódio que o envolveu. O resto do trabalho, vou deixar por conta da imaginação do leitor.

Certo dia, ele desapareceu por três dias. Ninguém conseguia contato, o cara não atendia nem retornava ligações. Estávamos seriamente preocupados de ter acontecido alguma fatalidade. Eis que ele chegou no escritório com uma das pernas imobilizadas com aquelas botas removíveis. Por ter sumido sem dar notícia alguma, quando retornou contou que havia sido atropelado, ficado inconsciente e quebrado um dos pés. No fundo, todos acharam a história esquisita, até porque não era a primeira vez que ele desaparecia assim. Sempre que voltava, havia alguma razão meio "meu cachorro comeu a lição de casa". Ainda assim, ninguém falou nada. Chegou o final de semana e, na segunda-feira seguinte, ele apareceu com a bota na outra perna.

Pois é.

Podia ser uma cena da série *The Office*, mas era a nossa realidade trabalhando ao lado de um sujeito com total falta de noção, comprometimento e profissionalismo. O pior é que boa parte do que eu fazia dependia das entregas dele, uma pessoa que desaparecia, aparecia mancando de uma perna e dias depois estava mancando com a outra. A possibilidade de não conseguir fazer o meu trabalho porque outra pessoa não fazia o dela já era o suficiente para a ariana baixar a cabeça, bater com as patas no chão e se preparar para o ataque.

Em todos os lugares pelos quais passei, antes e depois da Nick, eu sempre entreguei muito mais do que era esperado de mim. Acho que meu nível de autocobrança é elevado, sou exigente, gosto de aprender e crescer. Quanto mais evoluo, mais energia tenho para continuar evoluindo. Eu não sei dizer com precisão se isso sempre foi meu, ou se acabei desenvolvendo essa característica logo no começo da carreira por conta de uma percepção, talvez equivocada, de que era *exatamente isso* que esperavam de mim. Em produção, a descrição do trabalho basicamente é "resolver tudo" – e sempre tem *muita* coisa para resolver.

No balé, arte que busca uma perfeição que não existe, os professores sempre colocam as melhores bailarinas na frente. Não apenas porque o foco do público estará nelas, mas também para que as fileiras de trás consigam copiar os movimentos. Adivinhe onde eu fazia questão de estar.

O curioso é que, em tese, o balé veio naturalmente para mim. Nasci com as pernas arqueadas para a dança, daquelas que as bailarinas sonham e se esforçam muito para ter. Também sempre ouvi que tinha um pé lindo e que me destacaria por causa dele. Acontece que quem nasce com esse "pé de bailarina" também ganha um tornozelo bem frágil, o que exige muito mais exercício de fortalecimento do que as outras pessoas precisariam. É como ganhar um presente, mas, para de fato usá-lo e merecê-lo, ser necessário se esforçar e treinar muito mais. Do contrário, tudo o que eu teria para mostrar seria um pé bonito, vindo "de fábrica", fraco e sem a habilidade de fazer passos mais elaborados.

O balé nunca foi mera diversão para mim; era uma responsabilidade. Durante muitos anos, dediquei mais de quatro horas por dia à dança. Acho que levei a sério o pensamento de que só merecemos o que temos mediante muito esforço – e isso me seguiu pela vida. Da mesma forma, sempre acreditei no slogan *No pain, no gain* [Sem dor, sem ganho]. Nesse momento da Nickelodeon, a dor era ver meu colega se arrastando e fazendo corpo mole. Ficar quieta não era fácil.

Quando olhava para o lado, para o meu par, não via o que eu mais valorizava: a dedicação e a gratidão por estar ali. Se fosse uma questão de ele precisar de ajuda, eu certamente estaria disponível. Sei que o preparo vem de situações e possibilidades externas, mas a dedicação é algo intrínseco da pessoa; ter ou não ter é uma escolha inteiramente individual. Para mim, se dedicar verdadeiramente na parte profissional já é meio caminho andado. Essa dedicação pode ser demonstrada de várias formas, por exemplo com perguntas frequentes, com pedidos de feedback, "O que eu poderia fazer melhor?", mas às vezes a dedicação vem de um brilho no olho, vem da gratidão de simplesmente estar com aquela oportunidade nas mãos. E cabe ao líder enxergar isso e oferecer suporte.

Aguentei muitas coisas quieta e tentei ter várias conversas abertas sobre como poderíamos evoluir juntos e fazer um trabalho melhor. Embora as trocas parecessem fluir, na prática era um festival de ausências em reuniões, com a equipe sendo desmoralizada por seus comportamentos e apresentadores reclamando, com razão. Sem mencionar ações e falas totalmente inadequadas, que nos dias de hoje resultariam em bons processos de assédio moral – como exigir que uma assistente de direção no final da gravidez gravasse o dia inteiro embaixo de sol forte, ou então pedir que uma apresentadora de dez anos de idade comesse um ovo cru em frente às câmeras.

Uma parte tragicômica dessa questão eram os apresentadores menores de idade. Para que um menor trabalhe como ator/apresentador, é necessário um alvará especial e também a implementação de uma série de regras que visam respeitar os estudos, a saúde mental e física e a segurança da criança ou do jovem. Entre esses requisitos, a lei exigia um adulto responsável presente no estúdio – geralmente o pai ou a mãe. Via de regra, não é fácil lidar com os pais desses talentos mirins – as crianças às vezes parecem ter mais maturidade que eles. São os pais que normalmente pedem comidas especiais, reclamam do figurino, são os responsáveis por atrasos etc. Mas quando esse meu colega de gerência estava envolvido, toda a equipe agradecia aos céus a presença dos pais, pois isso filtrava as barbaridades e oferecia uma segurança a mais para que o sujeito fizesse menos absurdos – e mesmo assim não era o suficiente.

Um belo dia, eu cansei e passei a colocar os gestores, que ficavam em Miami e não viam aqueles desatinos, a par da situação. No início eu fui leve, uma indireta aqui, outra ali, mas como nada mudava – pelo contrário, os despautérios só aumentavam –, passei a ser mais assertiva. Apresentava com todas as letras o esforço adicional que eu tinha que fazer, que não era da minha responsabilidade, por conta de o meu colega não se dedicar. Muitas vezes, outras pessoas no escritório reclamavam da postura dele, e eu, de alguma forma, fazia essa reclamação chegar com todos os detalhes aos ouvidos da liderança.

E é aí que o fator da inteligência emocional entra na equação. Mesmo não estando errada em meus argumentos, acabei me colocando em um lugar de ficar sem razão. Na busca por uma solução, eu própria acabei virando parte do problema. Expor de forma tão aberta minha visão sobre as adversidades que envolviam outro profissional me deixou frágil politicamente dentro da empresa. Na visão corporativa, eu não tinha o direito de expor os fatos daquela maneira. Para ser sincera, também não tentei entender o porquê daquele comportamento. Quem sabe eu pudesse ajudar em alguma coisa, mas não tive esta frieza.

Quando a situação já beirava o insustentável, nossas respectivas chefes nos convocaram para uma reunião de alinhamento dos processos, que na realidade era alinhamento do nosso relacionamento. Para compreender as delimitações de função e responsabilidades de cada um, pois naquele momento a impressão era que havia um alguém que não trabalhava e outro alguém que só criticava. Nessa visão, ambos os executivos estavam errados.

O relacionamento já estava impossível, e por isso nos reservaram passagens em voos diferentes para Miami. Quando eu já estava dentro do avião, com o celular desligado, os cintos afivelados e passando o dedo pelo catálogo de filmes disponíveis para me distrair pelas próximas oito horas, ouvi a voz indefectível de uma comissária de bordo dizendo meu nome pelo sistema, convocando-me a comparecer à cabine. Ali, fui informada de que eles receberam um recado para que eu desembarcasse da aeronave, pois minha chefe de Miami ligara dizendo que era para eu descer do avião. Não é todo dia que ocorre uma situação dessa, e, preocupada que algo de ruim pudesse ter acontecido, desembarquei e liguei para ela. Totalmente sem jeito, minha chefe me disse que meu colega avisara que não tinha condições psicológicas para viajar.

Passei de volta na imigração achando absurda aquela atitude de deixar para o último minuto para dizer que não viajaria – o que, por si só, já evidenciava minhas reclamações sobre ele. Basta gastar alguns segundos para ver o transtorno que ele estava disposto a causar a várias pessoas: primeiro, o desrespeito à empresa, que comprou duas passagens, organizou hotéis, agendas de reuniões; depois, o desrespeito comigo, pois é sempre divertido e fácil fazer um bate e volta para o aeroporto de Guarulhos, né? Mas, acima de tudo, com o resto do mundo, a começar pelas duas chefes, que tiveram um trabalho descomunal para conseguir falar com a companhia aérea, me localizar no avião e impedir que ele levantasse voo – atrasando também a vida de todos os outros passageiros, pois existe uma certa burocracia em cancelar alguém que embarcou e saiu do avião, principalmente indo para os Estados Unidos após o Onze de Setembro. Fora que ainda era preciso achar minha mala e retirá-la da aeronave. Assim como imagino que deva ter atrapalhado, em certo grau, a torre de controle com aquela palhaçada desnecessária.

Eu queria dizer tudo isso para a minha chefe, assim como para o aeroporto inteiro, ou até para o mundo inteiro. Estava louca de raiva, mas fiquei quieta. Acreditei que o absurdo de tudo falava por si só, e a justificativa dada já merecia uma avaliação mais profunda da performance e conduta dele no dia a dia, especialmente lidando com crianças. Mas a história ficou por isso mesmo. Jamais tivemos nossa reunião com as chefes. Acho que depois do episódio do voo para Miami, ficou claro que nenhuma conversa mediadora teria impacto suficiente para consertar o rumo das coisas. A sensação era de sermos duas crianças do jardim de infância que não conseguiam se comportar e agora tinham que ter uma conversa com as tias – mas ao menos eu ia confrontá-lo junto de outros adultos que poderiam fazer alguma coisa a respeito. Mas não, nem essa ocasião serviu para demonstrar com quem eu tinha que lidar todos os dias, e aquela falta de comprometimento e profissionalismo só serviu para enervar ainda mais o meu sangue, pois eu seguia tendo que fazer o meu trabalho + tudo o que ele deixava de fazer, além de equilibrar os ânimos. Quando eu achava que já tinha visto de tudo... vinha outra maluquice.

Em determinado momento, recebemos uma carta que basicamente nos dava trinta dias para resolver nossas questões, fazer os processos funcionarem e colocar as coisas de volta aos trilhos. Acontece que da minha parte não havia o que "ajustar". Não era eu quem quebrava uma perna e engessava a outra, nem quem ligava na hora do voo dizendo que não tinha condições de embarcar, nem quem não aparecia nas reuniões. Eu tinha tanta clareza de que estava sendo a profissional da história, do que devia ou não fazer, que o que me restava era continuar fazendo o meu trabalho e esperar. Mesmo assim, tomei a iniciativa e fui conversar com ele. Perguntei o que havia de errado e o que eu poderia fazer melhor. Ele se fechou e simplesmente disse que estava tudo certo. Concluíram-se os trinta dias e adivinhe o que aconteceu? Fui demitida.

Por todas essas circunstâncias kafkianas (feliz de ter conseguido usar esta palavra no meu livro!), eu acabei me dando o direito de ter uma conduta um pouco politicamente incorreta. Mas esse "pouco" foi o suficiente para que, na hora de nos colocar na balança, eu fosse desligada. Todos nós sabíamos que ele era protegido pela chefe; de que outra maneira ele poderia ter se sustentado ali por tanto tempo não sendo nenhum cara genial, cujas entregas se sobrepunham aos problemas criados? O que não sabíamos – ou que eu, pelo menos, não sabia – era que a força da política interna da chefe dele superava a da minha, e quando a corda estourou, foi do meu lado.

Eu tenho uma carreira longa e já vi muita coisa acontecer, mas o absurdo que envolveu esse período da minha vida profissional foi único. Depois de quase dois anos, ele foi finalmente desligado por razões bem sérias que prefiro não comentar. Mas nesse momento, vários processos trabalhistas de equipe de produção e de apresentadores já haviam caído na cabeça da Nickelodeon – os mesmos que eu tanto avisei que aconteceriam.

Ainda assim, com mais cabelos brancos contabilizando experiência, eu acredito que, se eu tivesse tido mais inteligência emocional, teria conseguido navegar melhor por essa situação. Como? Filtrando mais minhas cobras e lagartos e, até mesmo, deixando aquele homem se prejudicar sozinho até perder o emprego – em vez de ficar repetindo tudo o que estava errado. Quem sabe, paradoxalmente, sem falar tanto eu teria então sido escutada, e a coisa toda teria outro desfecho. Não recomendo de forma alguma ficar quieto e não se manifestar nesse tipo de situação, mas a medida é bastante delicada. Existe o conteúdo e a forma, e ambos têm que estar no volume correto. Eu não estava errada no fato, mas minha certeza de estar certa e o grau de surrealidade das situações fizeram com que eu falasse alto demais, e da forma errada. A falta de inteligência emocional turvou a minha capacidade de leitura do ambiente. Essa leitura muitas vezes é a chave. Infelizmente, não seria dessa vez que eu aprenderia a lição.

A vida cobra a nossa inteligência emocional até aprendermos a lição

O ano era 2012 e eu estava terminando minha licença-maternidade quando uma consultoria executiva me ligou dizendo que tinha interesse em conversar sobre uma vaga confidencial. Minha filha Maria Victória nasceu no Rio de Janeiro e tive o privilégio de ter seis meses de licença remunerada. Quando estava para voltar ao trabalho, devido a uma reestruturação na Oi, ganhei mais três meses em casa. Fiquei insegura se teria emprego ou não, mas foi um tempo extra para ficar com minha filha. Durante esse período, muita coisa tinha acontecido na Oi, boa parte da minha equipe não estava mais lá e eu mesma não sabia se queria voltar. Dessa forma, aceitei o convite para participar do processo da tal empresa secreta e na fase final descobri que era a Apple. Recebi a proposta com a condição de me mudar para São Paulo, e assim voltei para minha cidade natal com dois cariocas na bagagem: meu marido, Renato Tocantins, e minha filha Vicky. Como meu marido já era da indústria de petróleo e gás e tinha reuniões importantes no eixo Rio-São Paulo, conseguimos acomodar a dinâmica de todos, ou quase.

A Apple estava para lançar o iTunes na América Latina e organizou os diretores em três pilares: música, aplicativos e filmes, cada um com um líder, sendo eu a responsável por filmes, e todos reportando ao Christopher Moser, líder da América Latina.

Quando o Christopher foi ao Rio para formalizar a proposta, disse que gostaria que eu fosse com ele a São Paulo antes de começar de fato, a fim de me apresentar internamente. É óbvio que aceitei. Estava animada em voltar a trabalhar, e embora eu nunca tivesse tido nada da Apple, sempre admirei a marca. Para ter uma ideia, na saída da Oi, entreguei meu celular corporativo que era o famoso Black-

Berry, líder do segmento na época, e peguei um pré-pago, com um aparelho daqueles tão baratos que pareciam de brinquedo. Assim mesmo, fui para São Paulo.

No meio de uma reunião, o telefone começou a tocar dentro da minha bolsa, e pelo toque dava para saber que era um telefone bem simples. Fingi que não era comigo, suei, ignorei a minha bolsa, colocando-a embaixo da mesa. O telefone continuou, até que Christopher me disse que era melhor atender. Tirei-o da bolsa querendo me esconder dentro dela. Todos na mesa encaravam o telefone sem acreditar que a nova executiva da Apple usava aquele aparelho. Era meu marido ligando preocupado, querendo saber se eu havia chegado bem em São Paulo. Assim foi meu início em uma das empresas mais admiradas do mundo. Mais uma vez a inteligência emocional viria a calhar, pois eu podia ter usado o jogo de cintura para mediar aquele constrangimento.

O iTunes já existia no México, mas a gestão era feita pelos Estados Unidos. A ideia era lançá-lo nos demais países da América Latina, incluindo Brasil, onde ficaria instalada boa parte do time, e transferir a gestão do México para esse time, com foco em crescimento. Nessa salada de estrutura, a equipe se tornou responsável pela operação da América Latina, da Espanha e de Portugal, afinal, todos esses países falam espanhol e português, não é mesmo? Reportávamos para o Christopher, que ficava em Madri.

Minha principal responsabilidade era fechar os distribuidores independentes para carregar seus filmes no iTunes, lembrando que ninguém conhecia Transactional Video on Demand (TVOD) e muito menos seu modelo de negócio. Também não entendiam que a Apple não compartilhava nenhuma projeção e queriam os direitos não exclusivos dos filmes em troca de um percentual da receita, que, sem projeção, não significava nada.

Fazer esse trabalho no Brasil era um desafio. Minhas conexões profissionais eram do universo da TV, e não do de cinema. Então tive que construir tudo do zero, incluindo uma casa nova em São Paulo, pois meu marido e eu resolvemos manter uma estrutura no Rio devido ao trabalho dele. Aos poucos, naveguei e estabeleci novas conexões, uma a uma. Nos estúdios maiores, os direitos para TVOD eram geridos pelas equipes digitais que cuidavam de DVD, ou seja, divisões pequenas que não eram prioridades. Esse processo acontecia em menor grau no México, pois o iTunes já existia por lá, mas, mesmo assim, muitos independentes ainda não estavam assinados, e o catálogo precisava crescer.

Expandimos a abertura de uma loja iTunes para os demais países da América Latina de língua espanhola. Eram muitas viagens para encontrar parceiros em eventos da Apple, e a combinação de tudo me fazia ficar uns vinte dias por mês voando ou hospedada em um hotel, longe do meu bebê que tinha pouco mais de um ano. Era muito comum eu acordar à noite para ir ao banheiro sem lembrar imediatamente onde eu estava. Chegava no café da manhã, não sabia qual língua falar. Com essa rotina – ou falta de uma –, eu não conseguia comer direito nem fazer exercícios e cada vez que ouvia a palavra "viagem" começava a ter taquicardia. Na época não identifiquei, mas eu estava tendo crises de ansiedade recorrentes e não havia sinal algum no horizonte de mudança na dinâmica do meu trabalho.

Depois de um ano, Christopher aceitou ser o líder do iTunes na Europa e mudou-se para Londres. Com isso, o diretor de aplicativos ficou no lugar dele para a América Latina, instalado no Brasil, e um novo executivo foi chamado para cuidar da sua antiga área – e toda essa mudança de peças acabou por desencadear um dos momentos mais difíceis da minha vida profissional, pois ela transbordou rapidamente, comprometendo a minha saúde.

Todos eles, incluindo o recém-chegado, eram meus pares. Ao ser promovido, o diretor de aplicativos tinha tanta experiência de gestão quanto qualquer um de nós. Por muito tempo, achei estranho a empresa ter decidido não trazer uma pessoa de fora para a liderança, e sim promover alguém de dentro. Na minha visão, nenhum de nós estava pronto para se sentar na cadeira de Christopher. Guardei para mim essa estranheza...

Para além do trabalho sobre o conteúdo que seria disponibilizado pelo iTunes, que já envolvia um contato muito próximo com órgãos governamentais, havia um nó extremamente importante a ser desatado: a Apple queria operar o iTunes no Brasil em real, caso contrário o produto poderia ser inviabilizado no país, a princípio pela percepção de que ele se tornaria muito caro por conta das taxas de transações internacionais e pela própria disparidade entre dólar e real. Ademais, também já visualizavam um futuro problema fiscal, em paralelo com o desafio de operar formalmente no Brasil – sem preço em dólar, sem ser apenas para quem tem cartão de crédito internacional, o que limita muito o potencial cliente. Esse tipo de operação é o que se chama de "trazer a empresa *on-shore*".

Na época havia também uma grande discussão sobre o imposto Condecine para os serviços de streaming (como Neflix e iTunes) para defender a visibilidade de conteúdo nacional. Regulado pela Ancine, a Agência Nacional do Cinema, que hoje aplica aos canais de TV por assinatura estrangeiros uma cota obrigatória de conteúdo nacional em horário nobre, a ideia era seguir a mesma prática nos serviços de streaming. O desafio é que eles tinham um volume de conteúdo internacional imenso, de todos os países, e o Brasil não teria volume para compor sequer uma tímida proporção nesse cenário.

Para achar um meio do caminho, eu participava dessa dinâmica, pois quase ninguém nas esferas de negociação da parte dos órgãos governamentais brasileiros falava inglês fluentemente, e a Apple não tinha mais ninguém de nível sênior em território nacional que falasse português além de mim. Isso também implicava em outra questão de percepção. Nós já estávamos buscando possibilidades de nos tornarmos exceções às regras brasileiras, a primeira pergunta do lado do governo que todos nós já antecipávamos nessas reuniões seria: "Com toda a indústria de música nacional, com tanta gente qualificada no mercado, a principal pessoa liderando essas discussões no Brasil em nome do iTunes é um estrangeiro com visto de trabalho temporário?". O tiro de largada seria dado no pé. Assim, ficou comigo essa missão. Eu sempre participava das reuniões para ao menos dar a impressão de que aquilo não era uma operação totalmente estrangeira, mas diante dessa fragilidade da estrutura, eu acabei me tornando a referência do governo nas conversas com a Apple.

Então, além da relação com setores e órgãos brasileiros por conta do conteúdo de vídeo, eu ganhei uma posição de liderança não oficial e não requisitada, importante para o sucesso ou não da empreitada da Apple no Brasil. No fundo, eu nem perdia muito tempo pensando sobre isso, a única coisa que me interessava era fazer um trabalho bem-feito, mas aqui se formaram as primeiras nuvens no que seria a conjunção perfeita de uma tempestade.

O que eu aprendi, ou sigo aprendendo, é que um problema gerado a partir da ausência de inteligência emocional só ganha tração se esta não encontra resistência do outro lado – algo próximo da sabedoria popular que afirma que quando um não quer, dois não brigam. Independentemente das circunstâncias que me colocaram em um lugar onde eu não deveria necessariamente estar, a imaturidade ou falta de inteligência emocional do meu novo chefe o deixou com um sentimento de menor poder, ou menos voz, ou qualquer outra coisa, gerando um desconforto. Isso não era um risco, até porque, mesmo que eu tivesse condições profissionais de assumir um desafio maior do que já tinha, estava muito longe de poder assumir até o que já estava comigo, devido à minha situação pessoal.

Em primeiro lugar, nesse quarteto, eu era a única mulher e a única brasileira. Todos eles eram colombianos, já se conheciam antes e, morando em um país estrangeiro, tinham elos bem fortalecidos. Por ter acabado de me tornar mãe, a única coisa que me importava fora do escritório era a minha família, minha filha. Assim, minha interação com eles fora do ambiente de trabalho era zero. Todos saíam juntos, estendiam as viagens para aproveitar finais de semana em Londres, Miami, Madri, Buenos Aires. A falta de tempo – e sinceramente, de vontade – fez com que eu não construísse essa relação com eles, algo que sempre foi minha marca pessoal. Foi apenas muitos anos depois que eu me dei conta que nós morávamos no mesmo bairro e eu jamais convidei nenhum deles para a minha casa, algo que eu adoro fazer. Ninguém da Apple nunca veio à minha casa, e quando penso nisso, fico chocada. Como não reparei nessa dinâmica estranha que estava acontecendo dentro de mim?

Eu poderia ter feito isso? Não só poderia, como hoje entendo que deveria. Seria muito mais por uma questão política do que uma real vontade? Sim, mas, de repente, um pequeno gesto como esse po-

124

deria ter desarmado muitas barreiras e mostrado que eu pertencia àquele grupo. Claro, havia o meu momento particular de total falta de energia para politicagem de altos executivos de uma empresa gigantesca como a Apple. Com um trabalho monumental no colo e uma filha pequena em casa, eu vivia nos ares. Na época, isso era tudo o que eu via e me importava, e eu não percebia que era exatamente isso que me isolava ainda mais daquele grupo cujo contexto estreitava os elos entre os outros integrantes. Eu não precisava me tornar melhor amiga deles, mas talvez essas atitudes tivessem ajudado as nossas relações.

Questionei-me se a minha resistência era porque eu achava que a escolhida para a promoção deveria ser eu e concluí, para o meu alívio, que não. Até porque eu não tinha a menor possibilidade de executar nada além do que já estava à minha frente. Eu realmente acreditava que nenhum de nós estava apto, naquele momento, para subir um degrau na hierarquia, mas não cabia a mim achar qualquer coisa nesse sentido. A minha sensação inicial era de que o correto teria sido trazer algum líder de outro lugar, mas vai saber. Talvez eles tenham tentado e não conseguido. Ou talvez eu estivesse no lugar errado, já que minha expectativa era ter como chefe alguém com outro perfil, que eu pudesse admirar e com quem pudesse aprender mais.

De qualquer maneira, qualquer que fosse a razão para eu não desenvolver uma relação melhor com aquele grupo, o fato é que não diminuí um décimo do meu compromisso profissional. Porém, o custo começou a ficar alto demais. Comecei a ter fobias em voos, crises de pânico em diferentes lugares do mundo. As crises aumentavam em frequência e duração. Meu corpo todo doía, não sei se por conta da falta de uma rotina de exercícios, da alimentação ruim ou se meu emocional estava tão debilitado que começou a doer fisicamente como forma de alarme. Mesmo assim, não escutei.

Eu segui a mesma linha de conduta, afinal de contas, o que poderia acontecer? Um inferno em minha vida é a resposta. Nessa dinâmica eu viajava cada vez mais, emagrecia mais, tinha mais taquicardia, mais crises de pânico. As coisas não estavam indo bem.

O único tempo em que eu queria ficar fora de casa e longe da minha filha era quando estivesse no escritório. Qualquer coisa além disso era tempo de mais para mim. Mas como isso fazia parte do meu trabalho, o que eu tentava fazer era otimizar ao máximo: se a reunião era segunda-feira em Miami, eu viajava no domingo de madrugada e ia direto para o escritório da Apple. Se a viagem exigisse mais dias de reuniões, no minuto seguinte ao final delas, eu seguia para o aeroporto. Mesmo assim eu vivia no avião, e era uma questão complicada, ainda mais com as crises. Vou compartilhar um resumo livre de como eram as conversas no escritório com meu novo chefe:

"Escuta, já tem três semanas que você não vai para o México, né? Era bom ir semana que vem."

"Mas já andou alguma coisa por lá? Tem algo para resolver?"

"Não, mas era bom ir."

Então eu viajava nove horas para o México para ouvir a mesma coisa das mesmas pessoas: que não, nada andou e nem tinha coisa para resolver. Voltava do México e ficava aliviada porque não precisaria repetir aquele desperdício de tempo e dinheiro por mais algumas semanas.

"Escuta, estou indo para Madri. Acho que é uma boa ideia irmos todos juntos para atualizarmos e blá-blá-blá..."

"Mas eu acabei de voltar do México."

"Eu entendo, mas os parceiros da Espanha você não encontra já vai fazer um mês."

Ainda não estávamos na era das reuniões on-line, mas já existia o Skype e tudo poderia ser lidado dessa maneira. Mas não, era preciso me pôr em um avião sem necessidade. Com isso, minha fragilidade emocional e física só piorou e as coisas continuaram degringolando. Cada vez mais minha saúde estava afetada, crises eram mais frequentes e, assim, minhas entregas começaram a ser afetadas por questões de saúde.

Muita coisa passou pela minha cabeça naquela época. Por que homens não conseguem entender o impacto da maternidade e acabam vendo-a como uma fraqueza que vai fazer com que a funcionária mulher entregue menos que um homem? Por que alguns homens têm dificuldade em lidar com uma mulher dedicada que trabalha, que tem uma carreira? Por que isso incomoda tanto?

Acho que na prática essas questões são respondidas pela falta de inteligência emocional. Esta falta conduz todos nós a uma insegurança que, por sua vez, nos leva a usar de todos os artifícios para nos destacarmos positivamente. É mais fácil manter a mulher em segundo plano quando se trata de uma promoção, ou de uma situação que lhe trará maior visibilidade, colocando em cima da mesa a família e a maternidade, por exemplo. É como apostar uma corrida onde os homens saem metade do percurso na frente, sabe?

Eu estava murchando e, enquanto isso acontecia, minha sensação era que meu chefe se armava com ideias de tornar minha vida cada vez mais infernal, pois na política da Apple não existia apenas mandar alguém embora. Era necessário justificar, e muito bem, o motivo pelo qual essa pessoa estava sendo desligada da empresa, especialmente quando esse alguém estava entregando resultado. Mas eu tinha meu ponto fraco: as viagens internacionais e agora minha saúde mental e física. Para mim, não dava mais, eu sabia que precisava sair.

Foi então que a Egon Zehnder me procurou. Em 2001, eu havia sido indicada pelo Fábio Coelho, atual presidente do Google Brasil, para uma posição de líder do YouTube no Brasil, porém eu estava prestes a dar à luz. Fiz a primeira entrevista e compartilhei meu momento pessoal, declinando a posição, por acreditar que não era exatamente o momento de assumir tal desafio, apesar de ter ficado muito feliz com a consideração e encantada com a oportunidade.

Em 2013, a Egon Zehnder se lembrou de mim para uma posição no Twitter e eu estava desesperada para sair da Apple. Fiz o processo inteiro com muita dedicação. Eu não era usuária do Twitter e mesmo assim me empenhei e fiz aquilo entrar no meu corpo de forma orgânica, como alguém da geração Z. Cheguei até a fase final e o Twitter levou os dois finalistas para a última entrevista em São Francisco. Arrumei as malas e uma desculpa esfarrapada para viajar. Fiz a entrevista dando meu melhor, mas infelizmente optaram pelo outro candidato.

Quando Luis Giolo da Egon Zehnder me ligou para dar a notícia, eu desabei. Fiquei arrasada. Ainda não sei se porque eu queria muito aquele trabalho ou se estava desesperada para ter uma desculpa nobre para sair daquele pesadelo que estava a minha vida na Apple. No fim, ficaram as lições valiosas que eu carregaria para os próximos desafios. Se eu tivesse tido inteligência emocional na época, teria sido mais fácil, mas é errando que se aprende.

Inteligência emocional
Carolina Andrade

Há quase quinze anos, a minha trajetória se cruzou com a da Adri quando eu não dava mais conta dos apuros em que havia me metido ao cruzar ingenuamente a linha entre o pessoal e o profissional. Na busca por um novo começo, eu a conheci enquanto tentava adivinhar a resposta para a pergunta: "Seu perfil é mais generalista ou você se apega mais aos detalhes?". Não fui a primeira colocada no processo, mas a contingência operou a nosso favor: o candidato escolhido não havia aceitado a proposta, e eu tampouco me sentia pronta para mudar de cidade. Fiquei no Rio com a Dri como gestora em uma empresa em que vivi um curto tempo cronológico, mas um longo período de aprendizagem.

Pouco depois, empresas diferentes nos levaram a São Paulo e nos cruzamos novamente – desta vez, não como colaboradoras, mas como amigas. Eu não tinha ninguém na cidade e aceitava com alegria convites para pizzas, que me alimentavam afetivamente. E enquanto a Adri viajava para a Apple, eu tentava retribuir a sua amizade brincando com uma bebê adorável que me ensinou como a maternidade seria um caminho inevitável para mim.

Confesso que quando recebi o convite para contribuir com este capítulo, fiquei ao mesmo tempo lisonjeada e surpresa: afinal, o que me credencia para expandir a conversa sobre inteligência emocional? Adri e eu compartilhamos o mesmo inconformismo do autodesenvolvimento que nos empurra um passo à frente todos os dias – talvez daí surja a admiração profissional mútua. Mas o equilíbrio das emoções diárias também é um desafio para nós duas. Decidi, então, sair da pretensão teórica e compartilhar aquilo que aprendi ao longo de alguns anos equilibrando pratos entre vida profissional, acadêmica e as dores e delícias que criar três filhos me apresenta todos os dias.

Na minha experiência, inteligência emocional é encontrar o equilíbrio entre resiliência e autocuidado. É ter consciência do que é desenvolvimento pessoal, desafio situacional e responsabilidade alheia. É saber se movimentar pela vida trazendo para si a carga adequada de autorresponsabilização, sem deixar de devolver aquilo que é dever do outro. E para mim a comunicação está no centro desse jogo, porque é ela quem nos permite elaborar os nossos desafios, mas também engajar quem precisa vencer os próprios na constante busca por crescimento pessoal.

Nem sempre eu tive essa percepção. Quando os excessos eram cometidos às claras, era fácil delimitar a linha do aceitável. É claro que comunicar esse limite sempre trazia desafios, principalmente em relações desniveladas de poder. Mas quando um chefe usa um "assobio de cachorro" para chamar a equipe – principalmente as colaboradoras mais jovens –, o absurdo da situação claramente empodera as vítimas. Em épocas de #MeToo, é quase impensável que algo assim volte a se repetir sem chamar a atenção do *compliance*. Mas e quando esses abusos são sutis e chancelados por uma cultura corporativa que não os pune e, em muitos casos, até os incentiva?

Durante alguns anos da minha vida profissional, eu me dividia entre a dedicação visceral ao que fazia e o sofrimento por ter colegas de trabalho – e em alguns casos, até amigos – ativamente engajados na criação de um ambiente tóxico para ganhar um jogo de soma zero. Como prêmio, a participação em um projeto cobiçado que eu tive o privilégio de liderar depois de muita exposição equivocada (quem vê glamour, não vê corre). E como pivô, um líder que percebia o que acontecia, mas optava por não se posicionar, na esperança de que o tempo operasse milagres. Piadas, indiretas e pequenas grosserias se alternavam com narrativas agressivas, a ponto de eu passar a duvidar de mim mesma. Era tudo tão intenso que às vezes eu pensava que merecia mesmo aquele tratamento.

Foi a ajuda de outras mulheres que me fez perceber a posição injusta para a qual aquele jogo tentava me empurrar. E o que parecia uma luta do bem contra o mal passou a ter contornos mais complexos. O projeto foi bem-sucedido, a oposição perdeu força e o recém-ganhado capital político me empoderou para uma atitude menos resiliente e mais vocal. Hoje, ao olhar pelo retrovisor, vejo que dediquei muito tempo tentando me justificar em vez de me aprimorar no balé político quase sempre necessário na vida corporativa. Foi ao mudar a minha narrativa que o placar passou a ficar favorável para o meu time. Como concluiria o filósofo Wittgenstein, "os limites da minha linguagem foram os limites do meu mundo".[7]

Entre terapia e mestrado, apostei na carreira acadêmica para me fortalecer. E me aprofundei na análise das estratégias de comunicação que tentam nos parar sem dizer isso abertamente. Existem estudos fascinantes que nos ajudam a entender o tema sob diferentes perspectivas. Vou citar dois, e espero que eles gerem tantas reflexões para você quanto os inúmeros debates em que me engajei depois de conhecê-los.

Em 2012, o Google se dedicou a compreender os componentes que afetam a performance dos times. Os líderes do Projeto Aristóteles – formado por sociólogos, psicólogos, estatísticos e engenheiros – acompanharam as dinâmicas de aproximadamente duzentos times, tanto de alta quanto de baixa performance, em busca de padrões. Ao cruzar a experiência empírica com a literatura disponível sobre normas de grupo, os pesquisadores chegaram à conclusão de que a segurança psicológica é o fator de maior impacto na entrega.

O Massachusetts Institute of Technology (MIT) conseguiu definir o conceito de segurança psicológica ao estudar a interação entre cerca de setecentas pessoas divididas em grupos com uma série de tarefas por cumprir. Dois padrões estavam sempre presentes naqueles de maior performance: tempo de fala equânime e empatia entre os

---

7 "Wittgenstein: 'Os limites da minha linguagem são os limites do meu mundo'". *Superinteressante*, 29 out. 2015. Disponível em: <https://super.abril.com.br/ideias/os-limites-da-minha-linguagem-sao-os-limites-do-meu-mundo-wittgenstein>. Acesso em: 22 set. 2024.

membros do time. Os participantes de um grupo podiam apresentar inteligência acima da média individualmente, mas era a priorização de normas que aumentava a inteligência coletiva, o que efetivamente fazia a diferença na entrega. Aristóteles, em sua obra *Metafísica*, estava correto ao afirmar que o todo transcende a mera soma de suas partes, indicando a existência de uma essência que une e potencializa os elementos individuais.[8]

"O Projeto Aristóteles é um lembrete de que quando as companhias tentam otimizar tudo, pode ser fácil esquecer que o sucesso é frequentemente construído com base em experiências que não podem ser otimizadas", concluiu o jornalista Charles Duhigg em artigo para o *New York Times*. "É o caso de interações emocionais e conversas ou discussões complicadas sobre quem queremos ser e como os colegas de time nos fazem sentir", completou.[9]

O segundo estudo dá conta das nossas escolhas de palavras. Para Lakoff e Johnson, a metáfora está infiltrada na vida cotidiana, tanto no pensamento quanto na ação. E um dos exemplos mais eloquentes é o da metáfora "discussão é guerra". Os autores oferecem diversos exemplos que evidenciam o quanto esse conceito perpassa o nosso posicionamento em um debate. "Seus argumentos são indefensáveis", "ele atacou todos os pontos fracos da minha argumentação e jamais ganhei uma discussão com ele" são algumas das formas com que essa visão de mundo é representada pela linguagem.

"A essência da metáfora é compreender e experimentar uma coisa em termos de outra", explicam os linguistas, que desafiam: "E se experimentássemos um debate como uma dança, e não como uma guerra?"[10]

---

8 Aristóteles, *Metafísica*. Trad. Edson Bini. São Paulo: Edipro, 2012. Livro VIII.
9 Charles Duhigg, "What Google learned from its quest to build the perfect team". *The New York Times*. Disponível em: <https://www.nytimes.com/2016/02/28/magazine/what-google-learned-from-its-quest-to-build-the-perfect-team.html>. Acesso em: 15 set. 2024.
10 George Lakoff e Mark Johnson, *Metáforas da vida cotidiana*. Campinas: Mercado de Letras, 2002.

Em tempos de inteligência artificial, a inteligência emocional mantém a sua relevância dentro de habilidades mais importantes para os profissionais atuais, de acordo com o Fórum Econômico Mundial.[11] A ideia de que podemos ter interações mais saudáveis e colaborativas vem guiando pesquisas de diferentes áreas no mundo inteiro. Essa busca passa pelo desenvolvimento de culturas corporativas mais humanas, mas também pela consciência individual de que nós tomamos parte todos os dias nessa construção. Precisamos nos posicionar não no sentido de ganhar uma batalha, mas de contribuir para um debate. Precisamos elevar vozes não para nos defender, mas para garantir que elas sejam ouvidas. Precisamos falar do que estamos sentindo para encontrar um sentido que nos permita crescer coletivamente. Vamos conversar?

Carolina Andrade Dombrasas trabalha há cerca de vinte anos com curadoria, distribuição e marketing de conteúdo, com passagens por Viacom Brasil, Grupo Globo e Google. Sua experiência com times internacionais despertou a curiosidade sobre o papel das diferentes culturas organizacionais no estímulo ou inibição do debate em grandes empresas. Formada em jornalismo, é atualmente doutoranda em linguística aplicada e estudos da linguagem, estudando como a comunicação pode criar pontes em tempos de tamanha polarização.

---

11 World Economic Forum, "The Future of Jobs Report 2020". out. 2020. Disponível em: <https://www3.weforum.org/docs/WEF_Future_of_Jobs_2020.pdf>. Acesso em: 22 set. 2024.

Conectando os pontos

- Nada está acima da nossa saúde. Ao menor sinal de que você não está bem, pare, pense e redirecione o curso da caminhada. Correr em uma estrada que não está funcionando só vai fazer você se machucar.

- Não espere dos outros a grandeza de conseguir se colocar no seu lugar e entender a sua dor, o seu momento. Muita gente avalia apenas a sua entrega do trabalho a qualquer custo, como se fôssemos máquinas e não seres humanos. Mas apesar do fato de a maioria das pessoas ser assim, existem exceções, e eu faço questão de ser uma.

- Você não vale mais ou menos dada a empresa que você trabalha. Você tem o seu valor e sempre vai ter onde quer que esteja ou sem estar em lugar algum. Eu devia ter saído muito antes da Apple, e não ter esperado uma nova oportunidade. Fiquei meses me machucando quando já sabia que meu futuro não estava ali, mas precisava de muita coragem para largar uma posição de confiança na empresa mais admirada do mundo.

- Como gestora, nunca deixe de saber, na medida do que permitirem, a vida das pessoas do seu time fora do trabalho. Elas são humanas e têm emoções, dificuldades pessoais, desafios... Tudo isso vai e volta com elas do trabalho. Tente ser empática e gentil, entender e ajudar.

- Ainda que o passar dos anos possa diminuir a chama da nossa reação a incômodos, a inteligência emocional é uma competência que precisa ser trabalhada todos os dias.

- Um problema gerado a partir da ausência de inteligência emocional só ganha tração se esta não encontra resistência do outro lado – algo próximo da sabedoria popular que afirma que quando um não quer, dois não brigam.

- Inteligência emocional é encontrar o equilíbrio entre resiliência e autocuidado. É ter consciência do que é desenvolvimento pessoal, desafio situacional e responsabilidade alheia.

Agora é sua vez!

Vimos neste capítulo que trabalhar a inteligência emocional é algo que precisamos fazer continuamente e que, apesar de nem sempre conseguirmos reagir às situações da melhor maneira possível, podemos aprender com nossos erros. Use o espaço a seguir para refletir sobre o acontecimento mais recente que tirou você dos eixos e anote como você agiu e quais foram os resultados/consequências. Anote em seguida como, pensando de forma mais distanciada, acha que deveria ter agido e quais acredita que seriam as consequências. Analise por que na primeira vez você não agiu da melhor forma e o que deve lembrar para agir da melhor forma nas próximas vezes.

COMPARTILHE SUAS RESPOSTAS #CONEXÕES

CAPÍTULO 6

Escuta

É preciso buscar o equilíbrio entre todas as pessoas para fazer o espetáculo acontecer. Dentro de um grupo que precisa caminhar na mesma direção, de nada adiantaria uma pessoa se sobressair e outra não. O que importa é a harmonia do time, é o que leva ao melhor resultado. Gosto de comparar com um balé. Durante os ensaios, cada bailarino individualmente dá o seu melhor, sobe a perna o mais alto que consegue, sustenta até não aguentar mais. Já no palco, perante uma plateia, o que vale não é a beleza individual, e sim a capacidade do grupo de nivelar todos os passos para parecer o mais idêntico e harmônico possível. Essa perfeição só acontece porque todos os bailarinos dançam com olhos afiados, observando o movimento dos demais e se adequando uns aos outros. Em aulas e ensaios, cada bailarino dá o melhor de si para sua aprimoração individual, mas no momento de uma apresentação, a dinâmica é outra.

Na hora do espetáculo, alguns bailarinos que poderiam virar quatro piruetas ou mais viram apenas três para se igualarem a todos e ter o melhor resultado para o grupo. O balé tem seus momentos solo, onde apenas um bailarino está em destaque e dá o seu melhor, mas quando o grupo grande está dançando, o que vale é o melhor que todos conseguem fazer juntos! É uma forma lúdica de mostrar o famoso ditado: "O todo é maior que a soma das partes".

135

Após a saída da Apple, eu recebi o convite para trabalhar no Food Network. Depois de uma Telecom (Oi) e uma empresa de tecnologia (Apple), eu estava de volta à minha raiz, a TV por assinatura, porém, além da minha primeira área de experiência (produção e programação), eu viria a agrupar outras frentes, como o marketing e estratégia digital. Mais um desafio grande. Em 2013, os canais de TV pagos já apresentavam dificuldades de crescimento, dada a entrada da Netflix no Brasil, mudando os hábitos de consumo de filmes, séries, documentários etc. Nesse ano, embora houvesse grande discussão entre ela e os provedores de acesso à internet, imprescindível para que o serviço funcionasse, foi um período de um grande crescimento da Netflix, e o Brasil sempre teve seu destaque sendo um mercado prioritário após os Estados Unidos.

O convite para esse novo desafio veio do Marcio Fonseca, com quem eu havia sentado na mesa de negociação nos meus tempos de Oi TV, quando ele era responsável pela distribuição dos canais do grupo Fox. O mais curioso é que ele me mandou uma mensagem para um café, e eu, na correria das viagens da Apple, não cheguei a marcar e não imaginava que seria um convite de trabalho. Mas a mensagem chegou de outra maneira. Marcio havia contratado a produtora Casablanca para fazer a parte de promoções e localizações da programação internacional. Sim, aquela para a qual fiz os comerciais dos brinquedos Estrela na minha infância. Em conversa com Arlette Siaretta, ele comentou que queria muito me trazer, mas que eu estava na Apple e seria impossível me convencer. Pois é, quem vê cara não vê coração. Foi aí que os astros se conectaram e a Arlette disse:

"Mas ela está louca para sair de lá. Já me sinalizou que, se eu soubesse de algo, era para levantar o nome dela."

E assim fui liderar as áreas de marketing, produção e digital, expandindo depois para as negociações com os operadores na qual marquei o gol de colocar o canal na Claro/Net, maior base de TV por assinatura do Brasil na época. Sem estar na Net, um canal não tinha alcance e relevância para vender comerciais, o que limitava a receita do negócio apenas à distribuição e, dessa forma, o plano de negócios não se sustentava.

Na sequência, a Daniela Branco, que havia sido minha aluna na FAAP em 2006, estava voltando de Barcelona e descontente com a dinâmica da agência em que trabalhava. Alinhamos os astros e eu trouxe a Daniela para cuidar do marketing. Eu não sabia fritar um ovo, mas sabia fazer TV e foi o suficiente. Com escuta ativa, montamos um time de confiança e empenhado em fazer o melhor.

Fizemos muita coisa bacana juntas. A produção local ficou linda e teve uma boa visibilidade. Desenvolvemos programas brasileiros para fazer uma boa mistura com a programação que seria traduzida lá de fora. Um dos programas, chamado *Na laje*, trazia receitas com ingredientes brasileiros de todas as partes, e em cada episódio tinha uma banda convidada para tocar. Além de divulgar a diversidade culinária do Brasil, ainda dávamos oportunidades para que bandas pequenas mostrassem seu trabalho na televisão. Outro programa, chamado *Menu*, mostrava uma agenda culinária, falando de locais interessantes e entrevistando profissionais de todo o leque da gastronomia. Entrevistávamos os chefs famosos, mas também mostrávamos baristas emergentes, lugares inusitados e comida de rua.

Como a verba de marketing do canal era mínima, a estratégia digital tinha que ser muito forte para compensar o cheque que não tínhamos. Mas nada era problema porque éramos criativos. Havíamos licenciado um programa chamado *I Could Kill for Dessert*, apresentado pela Danielle Noce. Ela estava escrevendo um livro de receitas que seria lançado pela editora Melhoramentos e pensamos: *por que não incluir o selo do Food Network como marca no livro?* Eu havia conhecido o CEO da Melhoramentos, Breno Lerner, quando eu estava na Apple e temporariamente fiz reuniões e fechei negociações para o iTunes na frente de livros, enquanto buscavam o executivo que tocaria essa parte do negócio. Fiz a ligação, marquei a reunião e meia hora depois acordamos de ter o logo do canal na capa do livro, fazendo uma conexão entre os produtos. Na sessão de lançamento, a fila se estendeu pela avenida Paulista – e nós ali, meio de carona, mas agregando valor.

Outro projeto bem bacana foi um conteúdo digital focado em sustentabilidade, no qual as receitas eram feitas com partes de alimentos que normalmente descartamos. Chamava-se *Restô*. Com esse projeto, invadimos a área de comunicação do metrô da cidade de São Paulo com uma exposição. Cada cartaz tinha um QR code que levava para o site do canal, onde estava o vídeo da receita. Nossa parceira nessa empreitada foi a Juliana Alcides, que liderava a área de comunicação interna na ViaQuatro e abraçou com muito carinho nossas ideias. A Juliana é amiga de infância da Luísa Fernandes, que conheci na Nickelodeon e é minha comadre e irmã de vida. O objetivo do trabalho dela era informar a população sobre sustentabilidade, segurança e cultura, mas nem todo mundo se lembra de oferecer ideias a esses espaços tão valiosos como o metrô – e muitas vezes, com o cheque para comprar mídia, essas oportunidades gratuitas acabam ficando de lado. Embora você possa mostrar seu conteúdo, contanto que ele agregue valor para a comunidade, há limitações de como a marca pode aparecer, então eram necessários criatividade e tempo – algo que pessoas com altos orçamentos nem sempre têm.

O *Restô* fez tanto sucesso que seguimos para a segunda temporada, com o nome de *Restô dontê*, com receitas usando alimentos que já não estavam tão frescos, como aquele arroz que estava na geladeira há quatro dias e virava uma massa de pizza. Conseguimos distribuição e contratamos uma equipe de vendas publicitárias.

Estava tudo redondo até que o então Food Network foi comprado pela Discovery, e quando acontecem esses movimentos empresariais, há sempre um risco envolvido, porque no processo de nova estruturação acontecem demissões. Muitas pessoas começaram a procurar por outras vagas de emprego, em vez de esperar o dia em que a fusão efetivamente aconteceria. Se tiver um lugar para você, ótimo, você segue. Se não, você sai e recebe um bônus por ter ficado e se arriscado.

Por adorar o meu trabalho lá, eu estava no time de esperar para ver o que aconteceria quando recebi o telefonema de uma consultoria especializada em recrutamento falando a respeito de uma vaga no Cartoon Network. Desde o meu tempo na Nickelodeon, passei a admirar muito o Cartoon. A verdade, no entanto, é que eu enxergava essa vaga como um passo atrás de onde eu já estava na carreira.

Na estrutura da empresa naquele momento, a vaga em questão lidava com produção e programação, e eu já estava muito envolvida no marketing e no negócio. Eu entendia que isso não era para mim, mas o chefe dessa vaga, Pablo Zuccarino, ligou para a Celia Kakitani, que já havia trabalhado com ele e era agora minha colega no Food Network, perguntando de mim, pedindo referências. Eu não sei o que a Celinha disse, mas o resultado é que o Pablo encafifou comigo.

Eu estava de férias, em Nova York com meu marido, quando o Pablo me mandou uma mensagem para marcarmos um papo por telefone. Topei, mas não me preparei. Atendi a ligação do banheiro do nosso quarto para não acordar o Renato. Naquela ligação, cometi vários "sincericídios". Disse que não acreditava mais em TV, que achava que grade de programação, aquela coisa de ter horário para os programas e as pessoas se adequarem a eles, estava com os dias contados etc. Falei tudo que poderia fazer o Pablo me esquecer, mas ele só achava cada vez mais que eu era a pessoa perfeita para aquela posição. Pablo escutou tudo o que eu tinha a dizer e até o que deixei subentendido.

"O que você acha da TV linear?", ele perguntou, usando um termo referente à transmissão tradicional de televisão.

"Bom, para começo de conversa, a TV está morta", respondi. "Está tudo indo para o digital, as marcas e os conteúdos que não entenderem de estratégia vão morrer. A audiência já migrou há muito tempo e as empresas de TV não querem reconhecer e mudar seu modelo de negócio, então vão acabar sendo atropeladas. Eu nunca fiz grade de programação, sempre teve alguém extremamente técnico nisso, então não considere que eu saiba estratégias de grade."

De fato, eu acreditava no que eu dizia, mas eu falava com tal liberdade que eram respostas suicidas. Mas o engraçado é que quanto mais eu jogava contra mim mesma, mais ele dizia "é tudo isso que eu quero ouvir". Eu não recomendo a ninguém fazer essa espécie de engenharia reversa para uma entrevista de emprego, mas como acabou dando certo, resolvi fazer minhas considerações caso, hipoteticamente, ficasse com a vaga. Eu não queria ser uma pessoa exclusivamente de conteúdo e programação; eu queria estar à frente do canal como um todo. Tivemos mais conversas, estas embasadas em algumas apresentações para discutir o futuro do canal.

Entre idas e vindas, nos acertamos e foi assim que me tornei diretora-geral do Cartoon Network, em tese a pessoa número um do canal no Brasil.

A escuta é a sua maior aliada na hora de fazer todos dançarem a mesma música

Nunca é fácil chegar em um local novo e começar a escrever um capítulo inédito em nossa história. Mesmo com muitos quilômetros rodados e degraus avançados na carreira, o frio na barriga seguia sendo minha expectativa sobre como seria recebida pela nova equipe. Mas no caso do Cartoon havia um adicional de apreensão, e imagino que isso era recíproco, por conta dos planos que tínhamos de reestruturação – uma palavra que *todo* profissional sente a nuca arrepiar quando ouve, pois, como eu já disse, ela geralmente envolve cortes.

Naquele momento, já havia uma equipe montada, mas como a empresa tinha uma estrutura matricial, no qual as áreas reportavam a diversos líderes, a minha presença viria para centralizar um pouco as coisas, em um escopo mais abrangente do que o da pessoa que ocupava a cadeira anteriormente. Normalmente, as grandes empresas vivem esse dilema de estrutura. Não acho nenhuma perfeita, ambas têm seus pontos positivos e seus grandes desafios. Em uma estrutura matricial, na qual as pessoas dos outros países reportam para as verticais de cada área, há muito mais otimização e possibilidade de escalar o negócio com menos gente nos times. Porém, esse formato faz com que a peculiaridade de cada país seja deixada de lado, e isso prejudica o potencial de crescimento. Em uma estrutura horizontal, a localização da estratégia é priorizada, as oportunidades locais são mais rápidas de serem executadas, mas é mais difícil escalar e otimizar a estrutura externa.

Havia, ainda, a cereja do bolo. Existe uma razão para que relacionamentos amorosos dentro do local de trabalho sejam encarados com receio pelas empresas, às vezes sendo até proibidos: quando a coisa dá ruim de um lado, ela costuma transbordar para o outro, e invariavelmente respinga também nos colegas. Eis então eu que cheguei no Cartoon e encontrei uma situação de recém-término de casamento entre dois membros do time, além de um clima horrível.

Em um óbvio exagero ficcional, tempos depois eu passei a brincar que era como se fosse um grupo de crianças geniais juntas em um parquinho, que durante a transição entre minha antecessora e eu ficaram sem supervisão adulta, almoçando sorvete e dormindo tarde. Mas é fato que minha chegada foi um choque de ordem na casa, e a trajetória que trilhamos a partir dali foi uma das experiências mais realizadoras que já tive como pessoa e profissional, em um lugar que de início parecia não ter nada de interessante para me oferecer. Este foi meu primeiro aprendizado com esta experiência: devemos sempre manter a mente aberta, porque nem sempre os caminhos para o aprendizado e a realização são óbvios.

A coisa mais importante era resgatar a noção de onde estávamos. Aquele era o Cartoon Network, um canal incrível, uma marca cuja essência é o amor, que marcou a história de diferentes gerações, que foi parte essencial do crescimento de milhões de pessoas, com seguidores de todas as idades e um conteúdo maravilhoso para trabalhar os valores das crianças.

Certo, todo mundo trabalha por um salário sendo depositado no início do mês, mas olha que incrível contar com isso e ainda estar em um lugar que despertava uma paixão incrível em tantas pessoas. Eu não queria dizer que podíamos ajudar a melhorar o mundo a partir do que fazíamos naquele escritório – se bem que isso pode estar aberto à discussão –, mas estar no Cartoon significava que nós realmente tínhamos um poder fenomenal de impacto positivo. E lá estávamos nós, afundados em um mar de desorganização, falta de inteligência emocional, sem escutar uns aos outros, regando frustrações em vez de vislumbrar nossos sucessos. De modo geral, a equipe focava bastante energia nos desafios pessoais e nas frustrações de como a empresa estava lidando com as pessoas envolvidas, de modo que o trabalho em si não era priorizado. Com a liderança nos Estados

Unidos, o escritório do Brasil não tinha filtros para reclamações e na forma como todos colocavam suas opiniões. Virou uma bola de neve: posturas erradas acabaram sendo normalizadas, gerando posturas ainda mais erradas.

Para começar a ajustar as coisas, foi realmente necessário mudar algumas peças que não estavam funcionando mais, dando um novo escopo para a nova estrutura. Para essas vagas, eu trouxe duas pessoas incríveis: a Renata Gasperoni, para o marketing, e a Marina Filipe (minha ex-aluna da FAAP, da turma de 2006), para produções originais.

A Marina estudou em uma das minhas primeiras turmas na FAAP, quando eu não era muito conhecida como professora. Eu cheguei para dar aula e os alunos continuaram no corredor. Quando vi que ninguém estava indo para a sala, fui questionar, e me disseram que estavam esperando o professor. Constrangida, tive de contar que a professora era eu. Eles estavam achando que eu era aluna da noite que havia ficado de dependência. Pois é...

Nessa turma, a Marina se destacou pela paixão por conteúdo, principalmente infantil. Ela amava o segmento. Já havia trabalhado no *Cocoricó*, na TV Cultura, e seria a peça ideal para aquele desafio. Já para o marketing, o universo me iluminou. Estava no escritório em pleno feriado e não havia quase ninguém a não ser a Julia Sellare, que havia sido minha produtora de edição no Food Network. Mencionei o meu desespero e ela disse que tinha uma pessoa incrível para me indicar: a Renata Gasperoni. E, de fato, Julinha estava certa!

Só a adição delas à equipe já nos elevou para outro patamar. Profissionais experientes que tiveram um impacto positivo direto no ambiente e também nas outras áreas. Querendo ou não, para que o marketing e as produções originais operassem bem, era preciso que outras áreas estivessem prontas para ajudá-las. O marketing precisa do material promocional que é feito pelo time criativo. A produção precisa do marketing para ter visibilidade. A programação precisa do departamento de dublagem... Cada pessoa funciona como parte da engrenagem de um grande sistema. Para isso, todos precisam trabalhar no mesmo time, se escutando – só que antes parecia que nem jogávamos o mesmo esporte. Antes, uma turma jogava tênis e a outra jogava frescobol, cada um em seu jogo e com a sua estratégia individual.

Renata e Marina chegaram com o foco de entregar trabalho. Não faziam parte do passado, o passado delas vinha de fora. No time interno, aconteceu o que normalmente acontece quando chega alguém novo. Aquele estranhamento nos que já eram do time e ficam mapeando qual a senioridade, qual o perfil, qual a história daquela pessoa e como ela vai se encaixar no grupo. Na prática, é tipo aluno novo quando entra em uma escola. No primeiro momento, a tendência é as pessoas tentarem mostrar o seu melhor, até entenderem onde estão pisando.

De repente, todos começaram a dançar conforme a mesma música, inclusive criando um interesse genuíno pelo trabalho do outro. Foi fascinante observar essa evolução! A partir desse interesse no escopo de outra área, todo mundo começou a se desenvolver muito mais, pois tinha contato com outras experiências e formas de pensamento, e o mesmo valeu para mim. O tamanho aprendizado que eu tive ao contar com essa equipe indireta tão grande e com perfis e históricos totalmente diferentes foi uma oportunidade incrível. Para contar com todo mundo na mesma página, era preciso compreender de onde vinha cada uma daquelas pessoas. Quais foram os desafios – profissionais ou pessoais – que elas já enfrentaram lá dentro? Qual era a referência, ou a falta dela, que elas tinham do mercado fora do Cartoon? Esse foi um processo muito interessante, pois cada pessoa naquela equipe teve um timing diferente para desenvolver uma relação comigo. E a chave foi escutar cada uma delas!

A princípio, a única pessoa que comprou de cara a Adriana Alcântara foi a Patrícia Camargos. Ela era a responsável pela grade de programação. Sim, aquela mesma sobre a qual eu havia avisado o Pablo que não era minha praia. O trabalho de analisar a audiência, ficar controlando números e mudando a estratégia para se defender do concorrente nunca foi comigo. Mas, como tenho sorte, a Pati era uma fera, e logo de cara vi que aquela mulher era um jato, de uma excelência e um conhecimento ímpar no que fazia. Infelizmente, era um jato invisível, daqueles que nem o radar mais afiado detectava,

143

por conta do seu perfil bem tímido. Ela não era aquela pessoa que mostrava para todo mundo o trabalho, mas o fazia quase que se escondendo. Ninguém a via, e eu achava aquilo um absurdo. O pior é que isso fazia com que ela fizesse mais e se escondesse mais. Imediatamente, começamos um trabalho para mudar isso.

Eu passei a triangular com ela. As pessoas vinham perguntar algo para mim relacionado à área dela e eu dizia que a decisão final não era minha. Sim, uma atitude que foi tão importante para mim no passado foi importante para outra pessoa no futuro.

"O que a Pati recomendar é o que a gente vai fazer, pois ela é a expert em programação."

E realmente aquela era a verdade! Às vezes ela vinha me contar algum desafio e eu perguntava o que ela faria. Pati logo tinha duas sugestões e recomendava a que achava a melhor, e eu só dizia:

"Então é essa que vamos implementar."

Toda oportunidade que eu via para colocá-la no radar dos outros, eu aproveitava, e foi muito gratificante ver que aos poucos minha intervenção se tornou desnecessária, pois ela própria conseguiu construir a autoconfiança em sua voz, que ela era a especialista no assunto, e que ela podia ser ouvida e reconhecida.

Também houve situações de conexão e escuta um pouco mais complexas, como com a Vivian Arias, a Vivi do criativo. Ela foi alguém que ficou um pouco ressabiada com a minha chegada, ou pelo menos era como eu me sentia. Eu descobri muito depois que o Pablo não havia sido claro com o time que meu escopo era um pouco mais abrangente que minha antecessora, então o time se perguntava: "Mas por que ela está metendo bedelho nisso se não é produção nem programação?".

Aos poucos, fomos nos ajustando. Iniciando com pequenas conversas, eu mostrando minhas vulnerabilidades, minha genuína intenção de agregar e formar um único time. Fui transparente inclusive quando não concordava com a postura da empresa e, diferente do que fiz na Nickelodeon, consegui me colocar de forma correta. Falando e escutando, segui construindo minha reputação de forma positiva dentro da empresa. Conseguia ver os desafios de cada um do time e ser empática com suas expectativas. Em um dia a dia de muito trabalho, foram alguns cafés com trocas de experiências que nos aproximaram.

Quando entramos em sintonia, ela se tornou uma das minhas principais aliadas. A Vivi tinha ideias incríveis, muito conectadas com a marca, mas toda maluquice bolada precisava ser vendida internamente para a chefia, ou melhor, para o Pablo Zuccarino.

"Pronta para entrar na discussão com o Pablo?", ela sempre me perguntava quando fechávamos uma ideia que julgávamos incrível.

Não era fácil. A própria Campanha do Agasalho, que já contei a respeito, precisou passar por uma batalha com o nosso chefe antes de ser proposta ao governo de São Paulo – ao ponto de o Antônio Barreto, o CEO da Turner no Brasil na época, dizer que se o Pablo não aprovasse o pagamento, ele pagaria pela Turner, e que se o corporativo não pagasse, ele usaria o próprio dinheiro. O Pablo não havia gostado da ideia da campanha quando apresentamos da primeira vez, pois não achava que seria bom para o Cartoon Network. Fui pedir apoio ao Barreto. Aqui está um exemplo das estruturas matricial e horizontal: Barreto era o CEO local e entendia a força do projeto e sua relevância. Para o Pablo, líder argentino que ficava em Atlanta, com certo distanciamento do Brasil, era difícil compreender.

Mas eram tantas ideias maravilhosas que surgiam e que valiam a pena serem defendidas. Com o tempo, eu e Vivi criamos uma dinâmica própria de como substanciar nossos argumentos nas reuniões. Ela tinha todo o conhecimento da marca, uma genialidade, todo o passado do Cartoon e toda a defesa criativa, então conseguia montar a argumentação do motivo pelo qual tal projeto era importante. Quando vinha um questionamento, eu rebatia, explicando como o projeto em questão cumpria tal papel do ponto de vista dos negócios. Vinha outro questionamento, ela já rebatia com outra informação, e assim nós seguimos...

Claro que algumas vezes nós apanhamos também, do nível de ter que concordar e baixar a cabeça. Mas isso era só por um tempinho, porque depois já voltávamos para a mesa de trabalho, nos preparando para o próximo round. A gente pegava uma fala do Pablo e pensava em como contrapor o argumento dele, redesenhávamos tudo, treinávamos o nosso *pitch*, e partíamos para uma nova ligação, até que não houvesse espaço para um contra-argumento, deixando-o apenas com uma única saída para recusar nossas ideias: simplesmente dizer "não", sem muita base para tal.

Eu e Vivi nos tornamos uma dupla imbatível, e dessa maneira conseguimos tirar do papel projetos incríveis. O melhor exemplo foi levar o Cartoon Network ao vivo pela primeira vez com a *Toon-Tubers League*, projeto criado pela Vivi antes da minha entrada. O *ToonTubers* nasceu em 2016 na área criativa do Cartoon Network do Brasil, que elegeu Rigby e Mordecai, personagens de *Apenas um show*, como os gamers e youtubers oficiais do canal. Mesmo sendo pensado para o digital, o programa chegou rapidamente ao Top 10 de audiência, o que justificava dar o próximo passo. Porém o passo que desenhamos foi colocar o Cartoon Network pela primeira vez ao vivo com uma *e-league*, uma espécie de campeonato de videogames jogado por influenciadores.

Esse projeto era ambicioso em vários âmbitos. Primeiramente no sentido técnico. O Cartoon nunca havia entrado ao vivo, em todos seus anos de existência, e o formato pede uma experiência técnica que não se encontra em todo lugar. Porém, como gosto de dizer, estou sempre com muita sorte e rodeada de pessoas incríveis que me ensinam e me motivam. A alguns metros de mim sentava o Fabio Mena, mais conhecido como Mena – um "jovem", porque sua marca registrada é chamar todo mundo de jovem, da forma mais querida do mundo. Como líder de engenharia e com anos de bagagem em vários lugares, entre eles a maravilhosa TV Globo, ele disse:

"Jovem, sim, é possível."

Com essa resposta, que era tudo que gostaríamos de ouvir, trouxemos o Mena para a nossa gangue. Em poucas horas, todo o time do Cartoon estava animadíssimo. Só faltava convencer o Pablo, e isso Vivi e eu já sabíamos como resolver.

Nós não tínhamos medo e não tinha o que a gente não conseguisse fazer acontecer. Isso trouxe um empoderamento que contaminou todo mundo. Mostrávamos que era sempre possível buscar uma solução para algo – fosse uma ideia maluca para o canal ou para um problema pessoal.

146

Nossas aventuras
Vivi Arias

Quando Adriana chegou para assumir a liderança do Cartoon Network no Brasil, eu senti um misto de expectativas e receios. Parte de mim sabia que a nossa equipe precisava de um chacoalhão completo, e me alegrei que esse choque viria de uma mulher tão experiente. Para quem conhece os organogramas das empresas de mídia e conteúdo, não há novidade no fato de que as lideranças são altamente masculinizadas (para não falar ridiculamente machistas). A minha metade mais feminista ficou muito feliz.

O problema foi a outra metade... Uma metade ainda em processo de desconstrução (sem contar altamente autossabotadora), que cresceu escutando que "não se pode confiar em outra mulher". Para piorar, essa metade estava em processo de cura após situações um tanto quanto negativas com outras mulheres ainda em processo de desconstrução também.

Então, quando a Adriana chegou no Cartoon, eu tinha duas lobas muito diferentes atuando dentro de mim.

A primeira, uma loba ansiosa, que achava estar pronta para assumir um papel de liderança ainda maior. Eu estava servindo demais como gerente criativa, entregando os projetos mais bem-sucedidos da marca e atuando como gerente interina da equipe criativa da Argentina. Além disso, meu show, o *ToonTubers*, ia muito bem e estávamos no processo de aprovar uma ideia um tanto quanto maluca: colocar o Cartoon Network ao vivo pela primeira vez na história com uma liga gamer, a *ToonTubers League*.

É curioso como o nosso ego nos impede de receber novas experiências de braços abertos. Eu estava tão centrada em mim mesma, nas minhas capacidades e na minha prontidão, que quase deixei passar a chance de aprender com alguém extraordinariamente capacitada.

Mas a Adriana tem um jeito único de liderar, muito em falta nos tempos de hoje, e faz isso com humanidade e bom senso.

É aí que a outra loba dentro de mim subiu no palco, a curiosinha que não consegue encontrar uma porta boa aberta e não entrar para ver o que tem dentro. Talvez eu possa até ter caminhado para essa porta por conta do famoso "se não pode com ela, junte-se a ela", mas nessa de aceitar o convite de bisbilhotar essa frestinha que a Adriana abriu para mim, eu comecei a escutar as suas dores mais de perto. E não é que tudo que a mulher falava fazia muito sentido?

Aos poucos eu fui baixando a guarda e deixando a voz da Adriana entrar em mim, e o som foi de puro acolhimento.

Lembro-me claramente de uma reunião tensa, quando vozes mais altas pareciam querer dominar o diálogo e ignorar por completo o que eu tentava explicar. Eu estava ali, no meio da arena, defendendo um ponto crucial da *ToonTubers League* sozinha, e muitos colegas e muitas lideranças permaneceram calados. No final, ninguém queria tomar uma decisão, e estava tudo caindo no colo do menor peixe daquela sala: euzinha. Se o projeto desse errado, eu entraria para a história como a pessoa que tirou o Cartoon Network do ar pela primeira vez. E essa era uma história bem diferente da que eu estava tentando escrever. Aprendi em uma aula de roteiro que "*action shows character*" ("ação é o que mostra como é a personagem", em tradução livre), e foi naquele dia que eu conheci a personalidade da Adriana.

Contrariando o que muitos diziam apenas da boca para fora, ela realmente segurou a minha mão e colocou o crachá na mesa: "Se algo der errado, então vamos errar juntas".

Com o passar do tempo, nossa sintonia só cresceu. As inúmeras horas de trabalho em conjunto que se seguiram, planejando e estruturando projetos, não só criaram uma conexão de trabalho e vida que se mantém até hoje – agora em outra empresa e com outros desafios, porém tão enriquecedora quanto – como me fizeram ver que eu tinha ao meu lado uma aliada e, finalmente, uma mentora. Adriana não somente defendia suas ideias com paixão, mas também sabia ouvir e integrar as visões dos outros em suas estratégias. A boa liderança deve ser capaz de trazer o melhor das pessoas, e a Adriana tem essa habilidade em abundância.

148

O verdadeiro crescimento começa onde nossas certezas terminam. E, naquela época, começando a trabalhar com a Adriana, eu estava apenas na superfície de tudo o que eu poderia ser. Ao baixar a guarda e confiar em outra mulher, não só aprendi que ela estaria lá para me proteger, como vi que ela poderia me ensinar o trajeto, para que eu pudesse um dia, quem sabe, proteger outras mulheres também.

Vivi Arias é estrategista criativa e roteirista com mais de vinte anos de experiência na indústria de conteúdo e entretenimento, catorze anos trabalhando com desenvolvimento de conteúdo, roteirização, produção criativa e estratégia criativa para os canais e marcas da Warner Bros. Discovery (mídia linear e social) e, posteriormente, como head de criação no Cartoon Network América Latina. Realizou análises e relatórios de desenvolvimento para Particular Crowd, cobrindo todos os canais de entretenimento geral da Warner Bros. Discovery, incluindo HBO Max. Atualmente, atua como gerente sênior de criação na Audible Brasil, responsável por toda a estratégia e roteiros para as campanhas de lançamento de títulos. Ao longo da sua carreira criativa, com os programas que criou, reuniu mais de 50 milhões de espectadores na TV por assinatura da América Latina, e mais de 1,4 bilhão de visualizações no YouTube, além de oito indicações e cinco obtenções de prêmios internacionais.

Teve também a Caroline Andrade, que era uma menina com potencial gigante, profissionalmente incrível, mas, ao mesmo tempo, a falta de inteligência emocional a dominava. Em vez de ela dar uma filtrada em seus descontentamentos, ela desabafava na "rádio corredor" e causava em todos os níveis. Se tivesse alguma reunião com o RH sobre qualquer que fosse o assunto, eu sabia que, quando terminasse, eu receberia um e-mail ou alguém viria pessoalmente me falar da Caroline, mais conhecida como Carolzinha, dizendo que ela havia causado confusão, que não havia se colocado de forma profissional ou que havia falado demais. Aquilo doía em mim, porque me sentia na obrigação de ajudar. A postura dela, com bastante emoção, foco em dizer o que estava errado e de não se acomodar, de certa forma me lembrava de uma Adriana mais nova. Similar ao caso da Nickelodeon, quando perdi um emprego do qual eu achava que gostava por não saber controlar minha inteligência emocional ou por falta dela. As coisas caminhavam e a dinâmica seguia igual até que, em determinado momento, teve uma troca na gestão direta da sua área, e a nova líder disse o seguinte para a Carol:

"Carol, eu escutei do RH que você faz o seu trabalho muito bem, mas também que você causa. E eu quero te dizer que na minha equipe não tem lugar para quem causa."

Logo em seguida, ela chegou à minha mesa com os olhos cheios d'água. Eu já havia conquistado a confiança e construído uma relação forte de parceria com a maioria do time, sendo a líder, mais velha, tendo mais experiência e uma boa escuta. Ela veio até mim contando o que acontecera e se segurando para não botar para fora toda aquela emoção em forma de uma cachoeira de lágrimas.

"Pega teu crachá", eu disse, me levantando. "Vamos comer um bolo de chocolate fora do escritório."

Descemos até um café que tinha ali na frente do Cartoon e, quando nos sentamos, ela despencou em lágrimas. Eu a escutei e disse:

"Carol, você tem um problema muito fácil de resolver, porque o seu inimigo é você mesma, então tudo depende 100% de você."

Em vez de citar os erros que ela estava cometendo, eu apontei como ela tinha o controle da situação para nunca mais ter que ouvir de ninguém aquilo que ouviu, desde que ela se concentrasse no trabalho e soubesse domar a língua. Todo mundo ali sabia o quanto ela era muito boa no que fazia, eu já havia reconhecido isso e até o próprio RH. Mas havia esse outro lado que podia colocar tudo a perder. Enquanto falava com ela, eu me lembrava de como eu pensava e falava sem filtros, lutando pelo que eu acreditava sem limites. Minha história na Nickelodeon foi um exemplo disso, mas os anos de maturidade haviam contribuído para uma evolução, mesmo que pequena, portanto, pude ajudar uma pessoa com conhecimento de causa.

"Combine consigo mesma que, em vez de falar um milhão de palavras por minuto, você vai falar cem por hora. Essa é a sua cota. Saiba bem quando usar. Questione se você realmente precisa dizer isso, se vai gerar uma evolução, uma melhora. Se não, não diga."

Essa estratégia forçava que ela pensasse antes de falar, até porque precisaria calcular matematicamente se deveria "gastar" palavras com aquele tema ou não. Foi uma técnica que usei comigo para melhorar minha impulsividade de cuidar de todas as causas de todas as pessoas.

O mais curioso é que ela nem fazia parte da minha estrutura de trabalho; era de dados e inteligência de mercado. Mas a gente chegou nesse lugar e, por alguma razão – aposto que a minha habilidade de escutar –, ela veio até mim. Hoje ela segue na equipe, tendo sido promovida algumas vezes. A empresa passou por dezenas de reestruturações e *lay-offs*, mas ela segue crescendo. Canalizou toda a sua energia para ser ainda melhor. Tenho um orgulho imenso dessa menina e continuo acompanhando sua jornada, torcendo para que ela nunca mais precise de um bolo de chocolate.

O lado de cá daquele bolo de chocolate
Caroline Andrade

Eu, que adoro todas as variações que o chocolate pode ter, jamais imaginaria que um pedaço de bolo, numa quarta-feira de outubro de 2018, teria um impacto tão grande na minha vida. Gostaria de começar o meu lado da história mencionando algo que acredito ser a base de todo esse aprendizado: o **poder da oportunidade** e tudo o que ela é capaz de mudar na vida de alguém. Se alguém tivesse me dito, há seis anos, tudo pelo que eu iria passar, não teria acreditado; mas não ouso, nem por um segundo, mudar um dia sequer desse meu processo.

Mas, começando pelo começo da história, quero registrar que essa gigante chamada Adriana tem o meu eterno carinho, admiração e gratidão. Ela foi a primeira, de muitas mulheres com as quais cruzei no ambiente profissional, a me estender a mão, especialmente quando mais precisei de ajuda, orientação, olhar sensível, generoso e empático de alguém que não só olhasse para mim, mas que enxergasse muito além daquilo que eu mesma era capaz de enxergar sozinha. Portanto, antes de tudo, **muito obrigada, Dri!**

Comecei muito jovem nessa empresa, com vinte anos, e afirmo com tranquilidade que eu não sabia de nada! Para complicar um pouco mais, sempre tive gestores que não me davam um acompanhamento adequado, além das minhas entregas e obrigações. Foram anos sem ter uma pessoa que olhasse para mim como qualquer jovem inexperiente precisa. Comecei como estagiária, até que finalizei meu estágio e tive uma experiência em uma agência de publicidade. Afinal de contas, eu tinha estudado publicidade e marketing. Infelizmente, essa experiência não foi exatamente como eu esperava. Então, na primeira oportunidade (oito meses depois), fui abordada por uma vaga que seria aberta para a mesma área da qual eu tinha saído meses antes, e fiz o processo com os gestores. Assim, voltei para a mesma empresa onde estou hoje, nove anos depois – onze, se contarmos o meu período de estágio.

Eu só não sabia que, no começo de 2018, uma figura tão inteligente, visionária, experiente, criativa e humana ia contribuir tanto para o meu crescimento, mesmo não sendo minha gestora nem trabalhando na mesma área que eu, mas sim como minha principal *stakeholder* da empresa. E foi assim que os nossos caminhos se cruzaram.

Passados meses de muita troca, aprendizado e confiança, veio uma nova gestão para a área com a qual eu trabalhava, que passara muitos meses sem liderança por várias razões. Essa gestão tinha como principal primeiro objetivo a união do time, que passou anos trabalhando praticamente dentro dos próprios *stakeholders*. Uma área de suporte como data e insights sempre esteve ali para os demais, com zero olhar para si mesma como unidade. Essa gestão vinha para mudar isso, e mudou.

Nessa época, com 25 anos, eu já tinha me formado na faculdade e na pós-graduação. Sempre fui muito dedicada à minha formação acadêmica, mas pouco pude investir no meu desenvolvimento pessoal. Sempre fui muito preocupada com a qualidade técnica do meu trabalho e queria ser referência naquilo que fazia. De certa forma, consegui, mas havia algo muito mais importante que eu precisei aprender da forma mais difícil. Foram alguns feedbacks desde então, nos quais, muitas vezes, eu sentia o peso da minha personalidade nas principais críticas ao meu comportamento.

Confesso que foi extremamente difícil, ao longo dos anos, não levar esse tipo de feedback para o lado pessoal. Eu, que sempre fui uma pessoa extrovertida, que fala com todo mundo (e bastante), que não tem muito desconforto com o novo ou com o diferente, me via cada vez mais longe da minha personalidade para caber em um conceito que, não necessariamente, era o mais correto, mas aquele que eu precisava adotar no mundo corporativo. E posso dizer que apenas muito recentemente entendi que não preciso desistir de ser quem eu sou para me encaixar em algo.

Aprendi a não levar críticas para o lado pessoal, a ler o ambiente no qual estou inserida, onde está tudo bem ser quem eu sou, ser espontânea, trazer criatividade para as tarefas do dia a dia e para os novos projetos. No fim de tudo, a minha personalidade na verdade me abre portas todos os dias, com sabedoria e muita experiência de saber dosar onde eu coloco esforço e energia e com o que eu posso (e devo) me resguardar um pouco mais. O fato é que sou muito grata pela quantidade de oportunidades em que tive de aprender errando, e ainda mais grata por ter encontrado mulheres fantásticas e distintas por essa jornada profissional, que me ensinaram e ensinam diariamente como é preciso ter calma, paciência, resiliência, escuta ativa, posicionamento, valores e muita confiança nos demais, mas, acima de tudo, no que eu acredito e em quem eu sou. E esse é o poder do equilíbrio.

Acredito demais que todos os dias são novas oportunidades de sermos e fazermos melhor do que no dia anterior. Se eu não tivesse tido a oportunidade de mostrar diariamente quem eu sou e para o que eu me proponho no trabalho, não teria chegado aonde cheguei, extremamente dedicada profissionalmente. E mais do que isso, certifico-me de que as pessoas ao meu redor saibam que podem contar comigo. Ninguém está sozinho na jornada chamada vida, muito menos no ambiente de trabalho. Se todos pudessem ter um pouco de paciência e empatia, os episódios do bolo de chocolate não seriam isolados; poderíamos estender a mão para muitos jovens (ou não tão jovens) talentos que, com o bombardeio de estímulos e referências hoje em dia na internet, parecem querer muito mais e o querem muito mais rápido do que antes.

Hoje sou uma especialista na empresa onde comecei como estagiária, tenho 31 anos e muita confiança no processo. Sei que ainda tenho um caminho gigante, desafiador e lindo pela frente, porque tive a oportunidade de aprender lições preciosas e poderosas com figuras fortes e inspiradoras. Mas desde aquele bolo de chocolate que mudou tudo na minha vida profissional, busco me cercar de pessoas incríveis, das menores às maiores influências nessa vida, e espero que, algum dia, eu possa ser o bolo de chocolate para alguém também, da mesma forma que o furacão Adriana Alcântara passou na minha vida e me ensinou tanto. Espero que continue me inspirando e me guiando em muitas áreas da vida por muitos e muitos anos, assim como espero poder ser uma figura inspiradora para alguém também.

Caroline Andrade é especialista em insights na Warner Bros. Discovery. Iniciou sua carreira na mesma empresa em 2011, onde segue em constante evolução. Formada em marketing e propaganda pelo Mackenzie e pós-graduada em business intelligence pela ESPM, Caroline acredita no poder das oportunidades e na força da troca de experiências e conexões que nos enriquecem pessoal e profissionalmente.

Como conexões acontecem de formas diferentes, o Guilherme Oller teve outra história. Ele era head de áudio, bem distante de onde eu atuava, pois era mais focado em dublagem e voz original de personagem. Ou seja, ele estava na ponta da cadeia da produção e não tinha muita troca comigo, mas a notícia de que minha mesa era um coração de mãe deve ter corrido pela "rádio", e ele veio conversar sobre o que valia a pena ler ou fazer para aprimorar o trabalho. Esse momento me lembrou muito da minha relação com o Roberto Talma. A partir daí, começamos a trocar muitas dicas de livros que poderiam servir como material de estudo e aprendizado para nós dois. Ele queria fazer um curso e, mesmo sem ser sua chefe direta, articulei com o RH para que a empresa o financiasse. Ele brincava que eu me tornei a mentora dele desde então, mas a verdade é que ele fez o mesmo por mim, me atualizando de toda bibliografia imperdível que eu queria ler, mas não tinha tempo de procurar. Gui e eu seguimos amigos já há anos, sempre trocando experiências e dicas de leituras e escutas. Ele foi uma das poucas pessoas que leu este livro antes da publicação para me dar suas percepções.

Outro caso bem emblemático para mim foi de uma menina que tinha um perfil bem diferente do meu, um pouco desconfiada, quase arisca. Apesar de ser forte no trato, no sentido de ser exigente, eu também sou muito carinhosa no meu jeito de ser, mas eu tinha a impressão de que ela olhava para mim e pensava: "Que preguiça desse bom humor e dessa pessoa querendo ser minha amiga". Da minha parte, eu olhava e via uma Muralha da China entre nós. Enquanto eu criava relações com todos, ela foi inacessível, até o ponto em que desisti. Ela fazia muito bem o trabalho dela, resolvia todos os desafios de uma produção, mas parecia não ter intenção alguma de quebrar a barreira que nos separava, nem deixar que eu a quebrasse.

Até que um belo dia:

"Vim conversar com você porque fiquei decepcionada com o aumento que recebi", ela me disse.

Eu havia batalhado pelo aumento, o defendera com unhas e dentes, mas o valor em si tinha pouca flexibilidade. Eu ouvi aquilo e me lembrei de algumas situações similares que já havia contornado em outras empresas e da minha própria experiência, quando estava mais no início da carreira. Os gestores acabam não dando contexto, e muita coisa se perde nas interpretações.

"Você tem referência de como funciona essa questão no mundo corporativo?", perguntei.

Ela não tinha. Me vi bastante naquele lugar. Sem ter pais no mercado corporativo, eu também, quando estava naquela fase de vida, não tinha ideia de como as dinâmicas salariais funcionavam. Devo provavelmente ter me sentido daquela mesma maneira algumas vezes. Mas agora que sabia como tudo funcionava, me sentia na obrigação de contribuir.

"Você tem tempo agora, dez minutos? Então senta aí, deixa eu te contar uma história."

O que eu falei para ela foi basicamente que eu entendia que quando o nosso salário é pequeno – ela estava no início da trajetória profissional –, o aumento percentual não é aquilo que se imagina e pode não parecer significativo. Ainda assim, ela havia recebido um aumento de 20%, que é um aumento para alta performance. Eu lhe contei que o único momento em que havia visto aumentos superiores a essa taxa foi de 30%, cujo intuito era, normalmente, retenção. Ou seja, tratava-se um profissional de altíssima performance que recebeu uma proposta do concorrente e, para ele não sair, a empresa aumentou seu salário em 30%.

"Você recebeu a notificação do seu aumento ontem, e ali você tinha duas opções", eu continuei. "Você podia ter saído daqui e celebrado a si própria, usado esses 20% de alta performance e tomado uma caipirinha gostosa para comemorar sua conquista, ou você podia se sentir decepcionada. Você escolheu a segunda opção."

O cenário, eu segui explicando, era esse, e ele não era algo exclusivo da Turner; era assim que o mundo corporativo funcionava. Monetariamente podia não significar uma grande diferença, mas é o único caminho para a evolução, e os próximos 20% seriam maiores, e assim consecutivamente, até um ponto em que ela até pudesse alcançar uma enorme visibilidade e sua performance chamasse a atenção da concorrência, e então ela estaria em uma posição de exigir 30%. É assim que a música toca, e a maneira como encaramos a dança é uma escolha própria. Ela se levantou, disse um "obrigada" qualquer e se foi. Eu fiz minha parte, mas mais uma vez lamentei a falta de comunicação.

No dia seguinte, ela retornou à minha mesa, me agradecendo pelo papo que tivemos e dizendo que eu mudei a perspectiva dela. Fiquei chocada, pois não esperava que minha experiência ou empatia pudessem ressoar com ela. Às vezes temos pré-conceitos que não devíamos ter, mas esse caso me trouxe uma surpresa deliciosa de ver que eu estava errada na leitura e que ela não era tão impenetrável assim. Lá estava ela, se aproximando. Fiquei muito feliz de termos conversado.

"Não deixe o valor monetário derrubar a sua comemoração", finalizei.

Pude ver no olhar dela que alguma coisa mudou. Eu disse que a entendia; e ela, de alguma maneira, entendeu que eu podia agregar algo. Tudo o que fiz foi compreender que ela não sabia de algo. E eu, que tinha o mesmo tempo de carreira que ela tinha de vida, podia contribuir com minha experiência. Aquele era o meu papel, principalmente porque já estive no mesmo lugar.

A partir daí, a nossa relação mudou de patamar. Ela começou a vir frequentemente até mim buscando ideias para solucionar algum tipo de problema, e eu a ajudava da maneira que podia. O problema das minhas equipes sempre é e será um problema meu, e não de cada um deles isoladamente. Não me deixar contribuir na briga pelas coisas certas é o que me deixa louca!

Também aprendi muito com ela, de diversas maneiras. A primeira é que não adiantava eu achar que poderia ser bem recebida por todo mundo. Mesmo com meu jeito amistoso, algumas pessoas simplesmente não se conectam dessa maneira. Mas quando você se põe a escutá-las, é possível encontrar um caminho para construir uma relação boa, mesmo com perfis tão distintos e sem muita afinidade inicial. E, na verdade, essas diferenças podem agregar. Ela estava nos seus vinte e poucos anos, era uma pessoa superantenada digitalmente, fã de carteirinha do Cartoon, alguém que realmente amava aquele lugar. O conhecimento dela no sentido do que a geração mais nova pensava, dialogava e pelo que se interessava foi muito valioso para mim. Talvez, no final, eu tenha aprendido mais com ela do que ela comigo. Ela seguiu na empresa e teve algumas promoções, e eu sinceramente espero que tenha celebrado muito cada um desses reconhecimentos, independentemente de valores financeiros.

E foi assim, de escuta a escuta, que criamos um vínculo muito forte dentro do Cartoon. A coisa foi oxigenando, e as conversas foram para outro patamar. As pessoas começaram a ficar mais abertas, dispostas a ajudar as outras, ao desenvolvimento mútuo, e todo mundo tinha contribuído para chegarmos a esse lugar. Foi uma construção de todos nós, algo muito especial. Havia uma confiança na capacidade profissional de todos e nos tornamos muito próximos no nível pessoal.

Eu cheguei no Cartoon com certo nível de maturidade, por já ter passado por muita coisa e ter tido a oportunidade de me treinar no sentido de escutar, de aprender como a pessoa funciona, de aprender como ela raciocina e de saber do que ela precisa. Ao longo dos anos, vamos montando um repertório de conhecimento de tipos de pessoas, e a sensibilidade também se aprimora. E reforço que, da minha parte, acredito que o principal papel que tive foi de escutar. Perceba que não é *ouvir*, quando a voz da pessoa entra pelo ouvido e já estamos pensando no que responder, mas *escutar* com o legítimo intuito de compreender o outro, o lugar de onde ele vem. Quando se escuta as pessoas, se aprende.

Mas é claro que o momento mágico precisaria chegar ao fim. Eu brinco que consegui ser mandada embora do trabalho em que talvez eu tenha tido a minha melhor performance. Segundo meu chefe, com a nova estrutura não havia espaço para uma líder da minha senioridade no Brasil. A empresa estava ajustando a estrutura para lançar HBO Max e os líderes ficariam situados em Miami, o que não era uma possibilidade para mim.

Fiquei arrasada, me sentindo injustiçada, parecia que eu sentia o mesmo nó na garganta de quando saí da Nickelodeon em condições extremamente diferentes. Tive dias difíceis em que deixei de acreditar em mim. Este é o maior problema: se não acreditamos no próprio potencial, ninguém mais vai acreditar, e isso vai ficar evidente em qualquer entrevista de trabalho. Nenhuma perda de emprego muda os aprendizados que acumulamos na trajetória, e isso deve sempre ser lembrado. Em vez de focar esses dias difíceis em que me senti um nada, prefiro registrar o reconhecimento que tive de quem realmente importava na hora de ir embora. A equipe inteira montou uma caixa de presente de Natal para a minha despedida.

No dia de Natal, uma semana depois da minha saída, meu marido tirou uma caixa verde-clara de baixo da árvore e me entregou-a, dizendo que minha equipe do Cartoon havia feito uma surpresa. Comecei a chorar imediatamente, mesmo antes de abri-la. Dentro dessa caixa mágica havia cartas de cada um da equipe, um álbum com fotos de nossa história juntos e várias lembranças. Essa caixa teve mais valor que todo o meu tempo no Cartoon Network, porque foi a materialização de tudo que consegui contribuir e o reconhecimento de quem realmente me importava. Essa caixa se tornou minha fonte de autoconfiança, de inspiração e uma espécie de amuleto da sorte em cada entrevista de trabalho que fiz a partir de então. Estávamos no final da pandemia, o mercado parado e eu com 48 anos, sem saber se teria sido aquela minha última experiência no mundo corporativo.

Escuta
Daniela Branco

A jornada para construir um time coeso e bem-sucedido é repleta de desafios e oportunidades de crescimento. É uma dança delicada entre abraçar as diferenças individuais e canalizar essas diversidades em um objetivo comum.

Minha trajetória profissional foi profundamente influenciada pela figura inspiradora da Adriana, a quem carinhosamente chamamos de Drica.

Nossa conexão começou em 2004, quando eu estudava rádio e TV na FAAP, em São Paulo. Naquele ano, teríamos aula de produção de TV e fomos surpreendidos pela presença da professora mais jovem da faculdade. Com menos de trinta anos, ela já havia feito mestrado na NYU, trabalhava no canal de TV por assinatura Nickelodeon (o que era incrível para estudantes de rádio e TV) e ainda era professora universitária. Uma figura completamente oposta aos professores tradicionais da velha guarda da faculdade de comunicação. A verdade é que demoramos para perceber que ela era a professora, e não uma aluna nova. E assim veio o apelido: Mulher-Maravilha.

Desde então, a Drica passou a ser a nossa Mulher-Maravilha pessoal: mentora, amiga, exemplo profissional e rainha do networking. Ela nos incentivou do jeito que qualquer estudante universitário ansiava: a desafiar os processos da instituição para produzir o melhor programa de TV possível. Foi assim que surgiu, com o projeto Noutras Bandas (do qual lembramos até hoje), as conexões entre os colegas de classe, refletindo até mesmo nos programas de rádio do professor Tondella, Gravidade e Feira Livre. A classe permaneceu unida e a nossa paixão por fazer TV só cresceu, lutando para usar três câmeras na externa, ter o maior cenário ou mais tempo de ilha de edição.

Mas a conexão não parou por aí. Ao nos conhecermos, Drica e eu descobrimos que nossas famílias tinham laços. Na época eu também estudava moda e tinha uma marca de acessórios. Foi quando descobrimos que a Drica tinha uma bolsa minha, que ela ganhou da sua comadre Fernanda, que curiosamente é ex-mulher do meu primo, Jayme Monjardim. Além disso, a Drica já havia trabalhado com a minha prima Juliana Monjardim na novela *Chiquinha Gonzaga*, quando ambas era atrizes. Essas conexões marcaram o início dos vinte anos que se sucederam.

Drica foi, não por menos, a paraninfo da turma, representando todos os nossos sonhos de um futuro profissional. Ela também me conectou ao meu primeiro estágio na produtora MZ Filmes, unindo não apenas a mim, mas também dois outros "curucos" (como ela nos chamava carinhosamente).

A partir desse ponto, começamos nossa jornada profissional juntas, com ela sempre me mentoreando e guiando. Nessa produtora, fui efetivada e, posteriormente, trabalhei com dramaturgia nas principais emissoras de televisão de São Paulo. Após uma passagem por Barcelona, onde busquei dar um novo rumo à minha carreira com uma pós-graduação em tendências de mercado, comportamento e consumo globais, a Drica estava lá para ajudar a me recolocar no mercado brasileiro.

Fui trabalhar em agências de publicidade e eventos, enquanto a Drica me auxiliava com conexões para o próximo passo. Ao mesmo tempo, ela procurava uma pessoa com experiência em marketing e TV para se juntar a ela no Food Network Brasil.

Lembro-me vividamente do momento em que ela me convidou para integrar a equipe do Food Network. Ela me ligou no meio da tarde e eu estava na agência em que trabalhava. Fomos almoçar no dia seguinte e ela falou: "Dani, depois de montar um quebra-cabeça, passei os últimos cinco meses procurando alguém como você, mas estava na minha cabeça uma imagem antiga sua, e acredito que o desafio faça sentido para seu momento atual".

A partir daí, começamos um novo capítulo, um dos mais importantes da minha vida profissional. Lançar o Food Network no Brasil foi incrível, trabalhar com conteúdo gastronômico era extremamente gratificante, e a Drica, como gestora, me concedia toda a autonomia e confiança de que eu precisava para criar projetos inovadores. Mas, acima de tudo, ela me mostrou o caminho para construir uma equipe, contratar pessoas com base no potencial de cada uma e a não se limitar por currículos ou títulos. Ela enxergava o potencial individual e acreditava que, quando reunidas em um ambiente saudável e encorajador, as habilidades pessoais poderiam se desdobrar de maneiras surpreendentes. Ela me ensinou a confiar e capacitar a equipe, dando-lhes autonomia e reconhecimento. Essa abordagem de liderança me permitiu alcançar meu melhor desempenho e, consequentemente, impulsionar o sucesso coletivo do time.

Juntas, formamos um grupo de mulheres incríveis, cada uma trazendo as próprias forças e perspectivas únicas. Beatriz Gomes (Bea), uma estagiária brilhante, foi efetivada e hoje é executiva no Google. Clara Camargo, ex-bailarina e atriz, que se dedicou a uma nova carreira após os trinta anos, estava estudando mídias sociais quando sugeri à Drica que ela se juntasse à equipe – ideia que foi imediatamente apoiada. E Vittória Caxeiro, que se uniu ao time como estagiária, criando apresentações em PowerPoint incríveis e depois embarcando com a Drica para o Cartoon Network.

161

Além delas, havia Beatriz Cifu e Paula Garcia, do time de conteúdo. Paula também estudou na FAAP comigo e a conexão com Beatriz foi tão forte que, somada à sensibilidade da Drica para montar uma equipe compatível, nos tornamos grandes amigas.

Comecei como gerente de marketing até o dia em que Drica me chamou para tomar um café e me entregou um envelope vermelho. Nele estava minha promoção como diretora de marketing e parcerias. Outro dia que jamais esquecerei. Olhei para ela e disse: "Você está louca?". Drica acreditou em mim desde o primeiro momento, muito antes de eu mesma acreditar. Sob seu estilo de gestão, alcancei meu melhor. Vi o quanto a segurança, a confiança e a autonomia são fundamentais para uma entrega de qualidade, tudo regado ao reconhecimento.

Foi nesse momento que ela me lembrou de uma frase que havia me dito outro dia, enquanto estávamos em um táxi voltando de uma entrevista que demos ao *Meio & mensagem*: "Você está entre os 10% dos top performance, acredite em mim". Essa frase foi tão marcante que, até hoje, meu marido a repete para mim.

Desde os tempos de faculdade, ela nos incentivou a desafiar os limites, a pensar fora da caixa e a valorizar as conexões. Desde o momento que a conheci, ela se destacou como uma profissional excepcional e uma líder nata. Sua paixão pelo trabalho, sua visão inovadora e sua habilidade em construir equipes motivadas foram fundamentais para o meu crescimento profissional.

Quando a Discovery adquiriu o Food Network, enfrentamos um período turbulento de mudanças e incertezas. Quando a Drica me contou sobre sua saída do Food Network para ir para o Cartoon Network, só conseguia pensar em como faria aquela transição sem ela. Não apenas pelo trabalho em si, mas porque assumiria um papel crucial de liderança e motivação em um momento delicado para toda a equipe. Foi graças a ela, com seus ensinamentos de liderança, que abracei essa função e determinei a mim mesma que passaríamos aqueles próximos meses de forma positiva. E não só eu, mas que meu time seria todo convidado a ficar na Discovery.

Foram meses de muita emoção. Sob a trilha sonora de "Dog Days are Over" e poses de Mulher-Maravilha, nos preparamos para nossa primeira reunião na Discovery. Fomos lá e arrasamos, apresentando cases que a Discovery, gigante da pay-TV, muito mais madura que nosso Food Network, nunca havia alcançado. Impressionamos tanto que o plano deu certo: todas foram convidadas a fazer parte da equipe da Discovery.

No entanto, nem tudo foi um mar de rosas. Encontrei-me em um ambiente bastante distinto em termos de cultura. Pessoas focadas em objetivos individuais e uma sensação de medo de errar – o que não favorecia meu melhor desempenho, e talvez o de ninguém. Somado a esse cenário desafiador, aceitei a missão de liderar e unir três áreas sob uma nova estrutura, composta de pessoas completamente diferentes, que precisavam mudar o pensamento segmentado para ampliar o escopo. Trabalhar a individualidade e encontrar os pontos fortes de cada um foi fundamental para transformar o time e escolher líderes de projetos independentemente da sua área de atuação principal.

Foi nesse momento que, mesmo à distância, Drica nunca deixou de me ajudar e apoiar. Quando compartilhei que estava sofrendo com burnout, que estava afetando toda a minha vida e que aquela cultura não era para mim, especialmente após minha licença--maternidade, ela não hesitou em me incentivar a buscar uma saída.

Então, abracei a jornada empreendedora, reformulando a lanchonete histórica da minha família, e lá estava Drica, pedindo lanches todas as semanas e me dando feedback sobre as batatinhas. Foi nesse ponto que nossos caminhos se cruzaram novamente com mais um elo adicionado: a Marcia Fernandes. Juntas, lançamos a TriHub, uma consultoria de branding e conteúdo.

Alguns meses depois, Drica foi convidada para liderar a operação da Audible no Brasil. Logo em seguida, tive o prazer de me unir mais uma vez a ela, naquele novo e incrível desafio. Ela precisava de ajuda antes mesmo de montar o time e sabia que minha maturidade no momento era bastante holística, e que eu poderia ajudar em várias frentes. Fui a primeira a chegar e desempenhei diferentes funções. O que era preciso, eu me debruçava e fazia. Drica elogiava e eu pensava: *Nossa, estou voltando a ser eu mesma depois de deixar de acreditar no meu potencial por meses.*

Acredito fortemente que existem relacionamentos, pessoais e profissionais, que incentivam o nosso melhor. Assim como existem relacionamentos que nos levam para o pior momento. Acredito tanto nisso que a frase de Gabriel García Márquez abriu o meu site de casamento: "Te amo não por quem tu és, mas por quem sou quando estou contigo".[12] Tenho certeza de que o meu marido e a Adriana são duas pessoas que despertam o meu melhor.

Nossa conexão e outros elos derivados dela me fazem questionar se também não trabalhei no Cartoon, por exemplo. Já ouvi tantas histórias e participei, mesmo de longe, de conquistas e celebrações, que ao ouvir alguns tenho certeza de que já conheço e/ou sou íntima dessas pessoas. Com esse sentimento, lembro-me do dia em que conheci a Renata Gasperoni, uma pessoa de quem tanto ouvi falar por meio de membros da minha equipe na Discovery, de amigas e da própria Drica. "Renata, não nos conhecemos antes mesmo?", perguntei. Até a Drica achava que nos conhecíamos. Mais uma vez, o poder das conexões e das escolhas cuidadosas da Drica na formação de equipes uniu Renata e eu no mesmo desafio de lançar a Audible no Brasil. A conexão foi instantânea, e o trabalho simplesmente fluiu.

Após passar por um ambiente onde as relações não eram construídas e a gestão era baseada no medo, tendo chegado a questionar se eu queria voltar ao mundo corporativo, pude refletir muito sobre a empresa ideal na qual eu aceitaria trabalhar. Os valores se inverteram: o cargo e até mesmo o salário não estavam mais no topo da lista, mas sim a cultura da empresa, o gestor e o ambiente de trabalho passaram a ditar meus próximos passos.

Hoje, estou muito feliz por ter escolhido a Audible. Estou muito feliz por estar novamente no mesmo barco que a Drica, unindo conexões de uma vida toda da FAAP, Food Network, Cartoon, Discovery em um novo projeto que coloca as pessoas no centro, como princípio e

---

12 "Frases marcantes de Gabriel García Márquez". *Época Negócios*, 17 abr. 2014. Disponível em: <https://epocanegocios.globo.com/Inspiracao/Vida/noticia/2014/04/frases-marcantes-de-gabriel-garcia-marques.html>. Acesso em: 23 set. 2024.

alma do negócio. Uma cultura gentil que tem *activate caring* (ou, em tradução livre, cuidado ativo) como um dos seus princípios.

Para chegar até aqui, passei por muitos exercícios de coach para listar "o que eu quero", "o que eu não quero", "qual é o meu trabalho ideal" e diversas discussões sobre o que é e como alcançar o *flow*, esse estado de fluxo mental que pode ser usado em vários aspectos da vida, como esportes, meditação e trabalho. Ele pode ser alcançado quando equilibramos desafios e habilidades, ou seja, quando seus pontos fortes e valores se unem para a realização de um trabalho. Uma das melhores sensações que se pode ter no profissional é a de entrar em um estado de *flow*: o trabalho flui sem esforço, as distrações desaparecem e podemos até perder a noção do tempo. Nele, a produtividade e a criatividade disparam, permitindo a realização de tarefas complexas sem dificuldade.

Ao refletir sobre essa jornada, tenho certeza de que hoje encontrei o meu *flow*. Sinto-me imensamente grata pelas conexões que construí e pelo espírito coletivo que cultivei. As lições que aprendi sobre a importância de construir times coesos, valorizar talentos individuais e promover um ambiente de confiança e colaboração são preciosas e permanecerão comigo para sempre. Tenho certeza de que são esses os principais instrumentos que nos permitem alcançar o sucesso verdadeiro e duradouro no mundo profissional.

Daniela Branco é diretora de "Amazon marketing" da Audible, responsável pela comunicação da empresa em todos os canais da Amazon no Brasil e em mercados emergentes. Com uma larga experiência de mais de dezoito anos no mercado de comunicação e marketing, a executiva já atuou como diretora de marketing na Scripps Networks, onde foi responsável pela estratégia de lançamento do canal Food Network. Com a aquisição da Scripps pela Discovery, Daniela passou a integrar o time Discovery, expandindo sua responsabilidade para as áreas de promoções e estratégias digitais. Empreendeu como cofundadora das empresas Hamburguinho 1974 e TriHub Consultoria Estratégica, Marketing & Conteúdo, e também teve passagens por agências de publicidade e eventos, como Moma e Sistole Brasil, e pelas emissoras de televisão SBT, Band e Cultura. Mãe do Benjamin, Daniela é formada em rádio e TV pela FAAP, com pós-graduação em *coolhunting*: design e tendências globais pela Universitat Pompeu Fabra de Barcelona, além de ter se especializado em antropologia visual na PUC-SP e em gerência de produto na ESPM.

Escuta

Marina Filipe

Dizem que existe apenas uma forma de introvertidos fazerem amigos: serem adotados por um extrovertido. No ambiente profissional, a lógica é semelhante. A Drica é a extrovertida. Eu, a introvertida que teve a sorte de ser "adotada" por ela. E com a capacidade de observação que a introspecção me deu, desde o primeiro dia que a vi, a observo e aprendo enquanto ela faz o que, a meu ver, é sua maior habilidade: gerir pessoas. Mas voltemos ao nosso primeiro dia e deixemos "as pessoas" para outros parágrafos.

Quem era aquela mulher que, com cara de menina, havia passado desapercebida, em um primeiro momento apenas, por entre aqueles estudantes já descrentes de que alguma coisa útil poderia sair de uma aula de produção na faculdade? Eu me fazia essa pergunta enquanto a observava. E ela contava sua experiência; basicamente era quem eu gostaria de ser um dia, mas eu fazia as contas e parecia impossível alcançar tanto em tão pouco tempo, já que apenas dez anos de vida a separavam de mim. Em pouco tempo, a aula de produção havia se tornado popular, desafiadora, divertida. Só agora, parando para escrever este texto, percebo que a Drica fez com cada um de nós naquela turma o que a vi fazendo quinze anos depois no Cartoon Network: ela nos ouviu. E ouvindo, deu uma chance àquela jovem introspectiva com grandes ambições; ela me ouviu e encontrou um potencial que até hoje peno para enxergar. Ela me ouviu e me adotou.

A faculdade passou, mas o contato não. Em vários momentos da minha carreira, a Drica esteve presente: diretamente, liderando algum projeto curto no qual eu estava envolvida; ou como mentora, sempre me ajudando a tomar as melhores decisões, a fazer as melhores movimentações. Nunca participei de um processo de seleção sem que ela acompanhasse de perto, me ajudando com as entrevistas ou com as negociações de salário. O sonho de trabalharmos diretamente juntas sempre existiu, mas demorou mais de uma década para acontecer. E aconteceu quando eu menos esperava.

Eu estava no meio de um set, assistindo ao ensaio que antecedia um programa ao vivo. Para quem faz o que eu faço, essa descrição é um sonho; no meu caso, naquele momento, um sonho realizado. Àquela altura eu era executiva de vendas e adaptação de formatos da BBC Studios no Brasil. Tocou o telefone e eu atendi, era a Drica. Eu tinha visto no dia anterior uma nota em uma revista do meio falando sobre a ida dela para o Cartoon Network. Depois de parabenizá-la, ouvi: "Quero que você venha trabalhar comigo cuidando das produções originais". Abaixei a cabeça na mesa do cenário e pensei *que timing...* Disse a ela que eu estava bem, ganhando bem, mas aí entrou a segunda maior habilidade da Drica: persuasão.

Ela tinha tempo, e fez uso dele para me convencer aos poucos. Não que fosse difícil, eu havia crescido com o Cartoon Network e produções originais eram uma meta de carreira; mas o medo era trocar algo maravilhoso pelo desconhecido. Foram meses até que eu aceitasse participar do processo de seleção. Brinco até hoje com o Pablo Zuccarino que ele não me queria. A verdade é que fazia sentido a visão dele. Lá estava eu, sem nenhuma experiência em animação, me candidatando a uma vaga sênior no Cartoon Network. Mas como eu disse antes, a Drica vê o potencial das pessoas por baixo das primeiras camadas. Ela sabia da minha dedicação, da minha paixão e que, com a minha experiência em produção, eu tinha o que era necessário. Drica convenceu Pablo.

Encontrei um ambiente hostil. A Drica tinha chegado há poucos meses e ainda estava desbravando os arredores; ainda era vista com olhos tortos por muitos. Eu era vista como a pupila. Herdei a hostilidade, mas sem a habilidade da Drica de lidar com a situação. Introspectiva, fiz o que os introspectivos fazem de melhor: mergulhei no trabalho. E da minha mesa observei o que talvez tenha sido a obra mais magistral de gestão de pessoas que eu já vi.

Em poucos meses, mesmo em meio a reviradas de olhos, a Drica conseguiu colocar de pé projetos grandiosos que nunca haviam sido realizados. O que seria um projeto simples se tornava o "Mês do Irmão do Jorel", com galochas gigantes no metrô de São Paulo para arrecadação de sapatos ou um caminhão cheio de Sansões andando pela cidade, celebrando o "Mês da Mônica". Todas essas ações com produções originais como ponto central me faziam trabalhar com absolutamente todas as equipes do Cartoon Network. Com o tempo, a maior parte da hostilidade foi caindo e a mesa da Drica se tornou o ponto onde todos sabiam que poderiam ir e ser acolhidos. Drica tinha os ouvidos sempre disponíveis (assim como nos tempos de faculdade), e quanto mais eram ouvidos e mais projetos saíam do papel, mais autonomia me era dada.

Com uma confiança quase cega que me ensinou mais do que qualquer faculdade, fiquei à frente das produções originais enquanto a Drica orquestrava pessoas e ideias. E assim aprendi que trabalhar com a Drica significa trabalhar em equipe. Não tem como fugir. Não tem como querer fugir. Foram tempos mágicos. Hoje, seis anos depois, ainda no Cartoon Network, preciso encarar o fato de que o próximo passo da minha carreira exige uma habilidade que não me é inata. Preciso me conectar, fazer política, gerir pessoas. Um baita desafio que, novamente, me leva a ter a Drica como modelo, como mentora. A forma apaixonada e humana com a qual ela nos mobiliza a usar nossas potências em prol de um objetivo comum; a forma determinada com a qual ela coloca uma ideia debaixo do braço e só sossega depois que sai do papel; a forma como direciona interesses diferentes em um propósito único. Nunca farei igual. Não somos iguais. Mas tenho a certeza de que tenho a melhor professora. De novo.

Marina Filipe é gerente sênior de produções originais da Warner Bros. Discovery no Brasil para marcas infantis, incluindo Cartoon Network, Cartoonito e Discovery Kids. Ela é responsável pelo desenvolvimento e pela produção do conteúdo local brasileiro original. Suas experiências anteriores incluem empresas como a BBC Studios, como produtora de desenvolvimento, e a Endemol Shine Brasil, como diretora de produção. Formada em rádio e TV pela FAAP, com pós-graduação em negócios em filmes e televisão pela FGV e pós-graduação em neurociência, educação e desenvolvimento infantil pela PUC-RS.

Conectando os pontos

- Não precisamos estar certos todas as vezes, mas precisamos ser escutados. Isso faz com que a segurança no ambiente corporativo cresça.

- É importante estar sempre aberto a escutar coisas diferentes, pois com certeza haverá tesouros escondidos em cada fala e caminhos que nos ajudam a criar e fortalecer as conexões. Quando você se põe a escutar o outro, é possível encontrar um caminho para construir uma relação boa, mesmo com perfis distintos e sem muita afinidade inicial.

- Vale ressaltar que, aqui, não é *ouvir*, quando a voz da pessoa entra pelo ouvido e já estamos pensando no que responder, mas *escutar*, com o legítimo intuito de compreender o outro, o lugar de onde ele vem. Quando se escuta as pessoas, se aprende.

- Saber escutar e integrar as visões dos outros em suas estratégias é algo que vai diferenciar você como liderança. A escuta ativa, além de uma superaliada na hora de ajudar a trazer o melhor das pessoas à tona é também algo que ajuda positivamente na sua reputação interna dentro de uma empresa.

E agora é a sua vez!

Chegou a hora de fortalecermos a nossa escuta ativa! O exercício a seguir é simples e prático e ajudará você a deixar essa habilidade mais afiada. Vamos lá?

1. Durante uma conversa curta, concentre-se totalmente no que a outra pessoa está dizendo, sem interrupções. Tente evitar que pré-julgamentos te atrapalhem. Idealmente faça este exercício com alguém colocando um ponto de vista diferente do seu, para que treine a armadilha de já estar com a sua resposta padrão pronta para discordar.

2. Quando a pessoa terminar de falar, resuma o que ela disse em uma única frase para confirmar se você entendeu corretamente o que lhe foi dito. Isso não significa necessariamente que você mudou sua opinião, mas verbalizar o outro ponto de vista ajuda a internalizá-lo no seu raciocínio e considerar mudar a sua posição. O importante não é mudar de posição ou não, mas mostrar-se genuinamente aberto para ouvir.

3. Repita esse processo sempre que puder para melhorar sua escuta ativa!

CAPÍTULO 7

Empatia

Acho difícil falar de diversidade sem falar de oportunidade. Acho que o potencial de uma pessoa é o caminho que ela percorre entre um ponto de partida e um ponto de chegada e, infelizmente, as pessoas não saem de um mesmo ponto de partida. Eu, por exemplo, larguei na frente de quase todo outro corredor.

Nasci em uma família que me desejou muito e tinha todas as condições necessárias para ter um filho. Nunca precisei me preocupar se teria comida em casa nem se acabaríamos sendo despejados por não conseguir pagar o aluguel. No inverno, eu sabia que não passaria frio; no verão, que eu poderia viajar e me divertir sem jamais pensar em qualquer uma dessas coisas.

Na minha casa não havia nenhum tipo de violência. Eu tinha acesso à saúde e à educação. Eu tiquei a lista de tantas condições básicas para uma pessoa viver todo o seu potencial que, antes de qualquer tiro de largada, eu já estava muito mais próxima da linha de chegada que da partida. Infelizmente, porém, tais circunstâncias não correspondem à realidade da maioria das pessoas.

Quando olho a minha estrada, é impossível não ponderar sobre o fato de que todas essas vantagens partem de um lugar de altíssimo privilégio. Ao menos, também acredito, eu dei o meu melhor para fazer jus a todas as oportunidades que tive desde o berço.

A esfera pessoal também teve bem menos obstáculos que se imaginaria encontrar. Me casei aos 36 anos, com uma carreira bastante madura e estabelecida, com um homem maravilhoso que me ama e me respeita. No ano seguinte, realizei meu sonho de ser mãe com a chegada da minha filha Maria Victoria sem nenhum desafio para engravidar. Pelo contrário, aconteceu em uma troca de pílula, quando a cobertura anticoncepcional cai de 99% para 70%. Já grávida, mas ainda sem saber, tomei duas cartelas de pílulas achando que a nova medicação estava me dando muito sono e enjoo como efeito colateral. Pois é, com tanta informação ao meu dispor, eu estava grávida e só descobri com onze semanas de gestação.

Também nessa frente entendo que muita gente não consegue formar a família que sonha, não encontra uma parceria de vida, não pode ou não consegue engravidar. Assim, mais que privilégio, vivi uma verdadeira bênção.

Na questão racial, a mesma coisa. Sou branca descendente de italianos – só não vim de olhos azuis como meus irmãos, Fernando, Renato e Elora, que puxaram da minha mãe essa característica. Quando vejo os desafios das demais raças em manter sua cultura, conseguir espaço para se sobressair, torna-se evidente que não existe somente a dinâmica do ponto de partida e de chegada. Além dela, precisamos somar o fato de que a distância entre um e outro é ainda maior. A cor branca da pele, por si só, não apenas recebe quilômetros de privilégios, como a pele preta também é empurrada no sentido inverso.

Não sei quantas décadas ou séculos ainda precisaremos para fazer as reparações históricas necessárias, o que eu sei é que está ao alcance agora oferecer oportunidades. E acredite se quiser, até isso tem seus desafios.

Em 2004, fiz uma novela na Record chamada *Turma do gueto* – de novo em uma produção da Casablanca, claro –, e quase todo o elenco era preto, bem diferente do que ocorre nas empresas, escolas e faculdades por onde passei.

Logo de cara, montar um elenco com experiência já foi um sufoco. Embora tenhamos uma população no Brasil majoritariamente preta, na hora do *casting* a busca precisava acontecer em outras agências e lugares que não eram os mais usados. Óbvio, não seria difícil traçar, na história das telenovelas brasileiras, o quão minoritários eram os personagens pretos e, na maioria das vezes, de pequeníssima importância para as tramas centrais. Por muito tempo essas foram as únicas oportunidades oferecidas a eles.

O incrível, no entanto, é que a novela teve uma audiência altíssima. Ela ia ao ar junto do *Programa da Hebe*, no SBT, e vencia na audiência – algo inédito para a Record naquele horário. Uma matéria da época levou a manchete "A *Turma do gueto* bate a turma do sofá" – se referindo ao sofá da lendária Hebe Camargo.[13]

Os programas que mostravam negros e contavam histórias com as quais eles se identificavam eram tão raros que a novela decolou e virou um carro-chefe do canal. Eu tinha um papel grande na novela e nunca fui reconhecida nos lugares em que frequentava, e acho que nenhum colega de escola ou de trabalho me viu na série. Porém, não era raro que frentistas, obviamente pessoas que tiveram menos oportunidade de formação, viessem correndo para tirar foto e me pedir autógrafo quando eu parava para abastecer o carro. Mais uma situação em que me deparei com o fato de termos um mundo dividido.

Mais uma evidência de que a teledramaturgia apenas replicava a nossa realidade: à população preta reservava-se determinados postos de trabalho e oportunidades. Quase todas as portas acessíveis à pele branca dificilmente estariam ao alcance da preta, salvo raras exceções.

Somente nos últimos anos – um tempo muito maior do que se deveria – a sociedade passou a ter uma maior preocupação em compor times de forma mais equilibrada nessa questão, e persiste a enorme dificuldade em recrutar pessoas pretas em grandes empresas, duas décadas depois do que testemunhei na novela da Record. O desafio está na base de muita coisa, assim como a própria desigualdade social no Brasil. Na minha opinião, uma frente importante para mudar essa triste realidade é a educação.

Todos sabemos que, no mercado de trabalho corporativo do Brasil, o ponto de partida é o ensino superior. Supondo que a pes-

---

13 "A turma do Gueto ganhou da turma da madame". *Agora SP*, São Paulo, Caderno Show!, 11 maio 2004.

soa tenha cursado uma faculdade, a régua segue em *qual* faculdade. Em quase sua totalidade de vezes, acabamos deixando de fora muita gente e damos oportunidade a quem sempre a teve. Mas, é claro, para se chegar a esse estágio, de sequer conseguir acesso ao estudo superior, essa educação precisa começar lá trás, na infância; é preciso garantir que a criança vá para a escola e tenha acesso à educação formal e informal. Formal é escola, ou seja, uma criança precisa estudar. A informal, e ainda mais importante, é garantir que ela tenha segurança em casa, que ela entenda seus direitos e tenha o máximo de informação para se defender. Esse é um baita desafio e não é do dia para a noite que vamos conseguir aproximar o ponto de partida de todos, mas, para diminuir a distância entre eles, é importante que cada um de nós contribua da forma que puder.

Nesse cenário, em que buscamos reduzir desigualdades desde a infância e garantir oportunidades mais equitativas, a proteção das crianças vai além do acesso à educação. É também fundamental assegurar que elas cresçam em ambientes seguros, tanto no mundo físico quanto no digital. Foi pensando nisso que, depois de sete anos trabalhando com canais e conteúdo infantil, me apeguei bastante a esse público e seu universo, e por conta desse mundo de conexões, eu entrei em um dos projetos mais realizadores que já vivi. Tudo começou através da minha irmã Priscila, filha do primeiro casamento da minha madrasta Mabel. A Pri mora nos Estados Unidos e trabalha na área de gestão de patrimônio e tesouraria. Quando se mudou para o país, depois de ter vivido e tido duas filhas no Canadá, ela buscou algum projeto social do qual poderia participar fazendo trabalho voluntário. Ela encontrou a Protect us Kids (PUK), uma organização sem fins lucrativos dedicada a proteger jovens em risco de sofrerem crimes na internet, permitindo assim que possam navegar livremente pelo espaço cibernético sem serem lesados por pessoas que queiram ter alguma vantagem sobre eles. A PUK foi fundada pela Veda Woods, ex-chefe de segurança cibernética do conselho de responsabilidade de transparência de recuperação durante a presidência de Barack Obama, além de dona de uma sólida carreira em segurança da informação, com passagens por Morgan Stanley e Capital One.

174

A Veda é daquelas pessoas com quem você se envolve em segundos, devido à paixão e ao envolvimento com a causa da PUK. Minha admiração foi imediata e pensei como eu poderia contribuir usando minha rede de contatos e minha expertise para trazer esse projeto ao Brasil, através de uma campanha que gerasse mais informações sobre os riscos da internet e tivesse um alcance de mídia que trouxesse resultado.

A PUK já tinha voluntários na área de marketing, mas estavam bem longe da realidade brasileira, de forma que precisávamos adaptar e guiar todas as artes visuais e mensagens para que funcionassem por aqui. Em seguida, garantir que teríamos os direitos de uso de imagem para que fotos e vídeos pudessem ser usados fora dos Estados Unidos. O Brasil é um país altamente regulado, e a gente só descobre os meandros dos desafios quando já estamos com o avião em pleno voo, então o jeito é consertá-lo e abastecê-lo no ar mesmo.

Ao contrário do que acontece em outros países, no Brasil existe uma proteção para que comerciais sejam produzidos aqui, gerando assim aquecimento para a economia criativa e oportunidade de valor para as produtoras, atores etc. Como o comercial da PUK foi produzido nos Estados Unidos, o valor de taxas para "naturalizá-lo" e usá-lo no Brasil era impagável. Isso nos levou à estaca zero, ou seja, teríamos que construir inclusive os materiais a serem usados no Brasil e nada do que existia lá fora poderia ser aproveitado. Quando digo nós, na prática era eu, pois a Veda e a Pri estavam nos Estados Unidos e eu estava sozinha para liderar a causa no Brasil – ou pelo menos formalmente falando –, mas não tardaria para que minhas conexões entrassem nesse objetivo para me apoiar.

Com as artes e as mensagens fechadas, comecei a desenvolver o que seria o roteiro do *tal* comercial de televisão *made in Brazil*. Com uma vida construída nesse mundo, comecei a bater às portas de todos os contatos que tinha para fazer a coisa acontecer, e ela aconteceu através de conexões que construí em diferentes momentos de carreira e de vida. Fizemos juntos uma campanha linda, que contou com vários colaboradores.

A Ludmila Pimenta, sócia da produtora Casa de Vídeo, nos ajudou montando o filme de TV. A Lud entrou na minha equipe quando eu estava na Nickelodeon. Ela chegou para fazer as gravações externas dos programas, ou seja, aquelas matérias que os programas de estúdio costumam ter para dar aquela respirada. Muito doce e supercompetente, a Lud conquistou seu espaço na equipe e também fez amizade comigo e com a Luísa Fernandes. Depois dessa primeira vez, trabalhamos juntas quando eu estava na Oi TV e a Ludmila já estava na Casa de Vídeo. Após alguns anos na produtora, ela se tornou sócia e, como tal, tinha altura de conseguir nos ajudar com a produção do comercial brasileiro.

Para não ter ainda mais despesas com locutor, usamos minhas expertises enferrujadas de atriz e gravei eu mesma a locução. Para isso, usei a querida Casablanca, de quem a esta altura sou praticamente uma sócia emocional que não consta no contrato social. Toda vez que preciso de algo, o Patrick Siaretta, filho da Arlette, resolve e faz tudo acontecer. Esse amigo está sempre do meu lado, me apoiando, me colocando para cima em qualquer momento e acreditando em mim quando começo a duvidar da minha capacidade de fazer acontecer.

Para as artes estáticas, precisávamos de uma gráfica, e meu amigo de escola Rodrigo Abreu colocou a força da gráfica Alpha-Graphics também à disposição da causa. O Abreu, como sempre foi e é chamado pelos amigos, foi da minha classe no Pueri Domus. Crescemos juntos, e nossos times esportivos usavam com orgulho a camiseta verde da papelaria Abreu. Todas as outras classes olhavam para a turma B com certo ciúme, pois éramos a única classe "patrocinada". Sempre generoso e querido, o Abreu é aquele amigo que está sempre pronto a ajudar. Somos amigos até hoje e, claro, ele se prontificou a nos ajudar com a causa da PUK, imprimindo tudo que fosse necessário.

Faltavam as frentes de exibição. Anos antes, eu já havia feito uma linda campanha no metrô com o Food Network e liguei para a Juliana Alcides a fim de propor uma exposição de dicas de conscientização para jovens, crianças e seus pais, e a Ju topou na hora. Sabe aquela pessoa que abraça causas sociais sem nem titubear? Pois é, já notaram como tenho sorte de ter amigos assim.

A exposição teve cobertura da imprensa, de vários canais de televisão e mídia impressa, fazendo com que a mensagem fosse muito além dos milhões de pessoas que passam pelas linhas amarela e lilás do metrô de São Paulo. Usamos o *spot* de TV dentro dos carros do metrô que têm telas a bordo e são um ótimo veículo para esse tipo de conteúdo.

O resultado me deixou orgulhosa e mais confiante para fazer algo ainda melhor. Na segunda campanha, consegui apoio do Grupo Globo e seu canal por assinatura direcionado ao público infantil, o Gloob. Isso só aconteceu graças à minha amiga da época de Globosat, Tatiana Costa, que não apenas abriu essa porta para mim, como a escancarou. De tal maneira que o projeto acabou indo para a Globo corporativa e conseguimos espaço em todos os canais do Grupo Globo. Além disso, o Gloob achou que seria muito legal ter um *spot* de TV com a mensagem direcionada para as crianças, afinal, o comercial que produzimos falava com os adultos, pais e responsáveis, e não diretamente com elas. Para minha surpresa, o canal montou um filme com animações, conscientizando crianças sobre segurança na internet. Jamais havia passado pela minha cabeça que o Gloob nos daria esse presente, pois sei muito bem a quantidade de trabalho que isso demanda e a quantidade de trabalho que os profissionais de TV têm que entregar no dia a dia. No mundo ideal, as equipes deveriam ser muito maiores, mas não são, então o jeito é todo mundo se multiplicar – por isso, sei que era bem difícil acomodar esse *spot* extra.

Para crescer ainda mais, somou-se ao projeto o Pedrão, o Pedro Barbastefano Jr., da *29 horas*, aquela revista que é disponibilizada gratuitamente nos aeroportos e aviões. A empresa também é responsável pela mídia eletrônica nos aeroportos de Congonhas, em São Paulo, e Santos Dumont, no Rio de Janeiro. Eu o havia conhecido no Food Network, quando ele abriu um espaço muito relevante para divulgação do programa *Um dia de chef*, com Emmanuel Bassoleil. Amigo pessoal do Emmanuel, deu suporte ao programa dele no momento que iniciava sua carreira na TV conosco e virou uma conexão importante. O Pedrão nos recebeu de portas abertas e emplacamos nossos filmes nas mídias dos aeroportos de São Paulo e Rio de Janeiro, e de brinde recebemos uma matéria linda na revista *29 horas*.

Quando achei que a campanha havia acabado, recebi uma ligação do departamento de comunicação social do metrô de Salvador, na Bahia. Eles haviam visto a campanha através das coberturas jornalísticas que tivemos em São Paulo e pediram meu contato para a Juliana Alcides. Duas semanas depois, nossa exposição estava no metrô da capital baiana, onde permaneceu por dois meses.

Buscar segurança e educação para crianças e jovens, principalmente em situações de vulnerabilidade, é o principal objetivo da PUK. Eu acredito que esse trabalho, mesmo sendo um grão de areia perto do que precisa ser feito, já é um começo. Essas campanhas seguem uma lógica meio da bola de neve. Quanto mais coisas você consegue, mais chance tem de conseguir cada vez mais. Quando a campanha é pequena ou quando estamos em busca de um primeiro parceiro, nada anda. Parece que as pessoas não confiam em projetos no papel. Quando você mostra que já tem um parceiro a bordo, o segundo vem rapidinho, o terceiro mais rápido ainda, e quando você vê, a coisa ficou enorme e tem muita energia boa retornando para cada um dos participantes, a quem devo minha eterna gratidão.

A internet é uma forma poderosa que pode ajudar na educação, mas também pode oferecer muitos riscos. Se minimizamos os riscos trazendo informação e conscientização, ela pode ajudar na educação e desenvolvimento de muita gente e contribuir para diminuir a distância entre os pontos de partida das pessoas. Não sou sonhadora, e sei que é apenas uma gota no oceano, mas se cada um de nós fizer um pouquinho para diminuir a distância entre esses pontos de partida, talvez eles sejam menos discrepantes para as próximas gerações. Sem dúvidas, precisamos de muito mais que isso, de projetos estruturais de larga escala, de moradia – foco, inclusive, da minha irmã Duda Alcântara, e recomendo que a conheçam pelo LinkedIn.

Visando aumentar minha contribuição através da Protect Us Kids, no início de 2024, três mulheres incríveis entraram em contato comigo interessadas na PUK. Primeiramente a Juliana Alcides, que havia saído da ViaQuatro e já havia sido parceira dos meus projetos, só que do outro lado da mesa. Além dela, uma ex-aluna da FAAP entrou em contato comigo pelo LinkedIn: Marília Santos. Depois da faculdade, ela seguiu uma carreira parecida com a minha, majoritariamente em canais de TV por assinatura. Por ter se tornado mãe, estava buscando alguma organização que contribuísse para o melhor uso de tecnologias para as crianças.

Para finalizar o quarteto poderoso, a Clarissa de Oliveira, morando em NY, havia previamente tido contato com a campanha da PUK quando trabalhava no Gloob. Através de uma amiga, ex-colega de trabalho de ambas na Globosat, Claudia Lira, ela me procurou para contribuir com o projeto. Assim, iniciamos a nossa próxima campanha da PUK no Brasil, esperando que seja infinitamente maior em 2025 e nos próximos anos, e que ajude com informação, educação e oportunidade.

Quem sabe, de grão em grão, a gente possa fazer a diferença nessa praia imensa. Quem se interessar pela causa, conecte-se conosco pelo LinkedIn. Será muito bem-vindo!

Empatia
Veda Woods

Ser uma pessoa empática e introvertida sempre coloriu minhas experiências, tanto pessoal quanto profissionalmente. Esse aspecto da minha identidade tem sido uma luz guia, uma fonte de força, mas também um desafio para navegar em um mundo que muitas vezes confunde reflexão silenciosa com fraqueza e empatia profunda com vulnerabilidade.

Minha introversão e empatia me moldaram em uma cuidadora natural, alguém que valoriza conexões profundas e significativas acima de tudo. A construção de relacionamentos não é apenas parte da minha estratégia de carreira; é parte essencial de quem eu sou. Descobri que criar essas conexões requer não apenas entender os outros, mas também uma compreensão profunda de si mesmo. Essa introspecção me permitiu reconhecer meus próprios pontos fortes e limitações, permitindo-me oferecer apoio e compreensão genuínos às pessoas ao meu redor.

Nos primeiros dias da minha carreira, os desafios eram palpáveis. O local de trabalho muitas vezes parecia projetado para os extrovertidos, onde vozes altas muitas vezes abafavam o silêncio. Mas aprendi a ver minha empatia introvertida não como um obstáculo, mas como ferramenta única. Isso me permitiu ouvir profundamente, entender as emoções não ditas dos meus colegas e líderes e construir relacionamentos baseados em compreensão e confiança genuínas.

Essa abordagem para a construção de relacionamentos se tornou minha assinatura, minha maneira de transformar fraquezas percebidas em pontos fortes inegáveis. Conforme eu subia na carreira, descobri que a capacidade de nutrir relacionamentos e de ter empatia profunda, mesmo de um lugar de observação silenciosa, era o que me diferenciava. Isso me permitiu liderar com compaixão, promover uma cultura de inclusão e compreensão e inspirar aqueles ao meu redor a abraçar seus eus autênticos.

A jornada me ensinou o poder do equilíbrio – equilibrar a natureza introvertida com as demandas da liderança e equilibrar a empatia com a necessidade de autocuidado. É uma dança delicada, que requer atenção e ajuste constantes, mas também é incrivelmente gratificante. Minha introversão e empatia me permitiram criar relacionamentos significativos e duradouros, tanto na vida pessoal quanto nos empreendimentos profissionais.

Ao olhar para o futuro, vejo um mundo onde a força silenciosa dos empáticos introvertidos é reconhecida e celebrada, onde o poder da conexão profunda e empática é visto como a pedra angular da liderança bem-sucedida. Minha história, tecida a partir de fios de introspecção, empatia e cuidado, é uma prova do poder silencioso que existe em todos nós, esperando para ser reconhecido e acolhido.

Veda T. Woods, com mais de 28 anos na área, é uma força dinâmica em segurança cibernética, reconhecida por sua advocacia e liderança estratégica. À frente do Global Cyber Security Advisory Group (GCSA), ela mistura segurança cibernética com sustentabilidade, impulsionando o acesso global à proteção digital. Seu compromisso com a inclusão digital catalisou iniciativas que estendem a segurança cibernética a áreas globalmente carentes. A visão estratégica de Woods também é evidente em sua fundação da Protect Us Kids Foundation, que direciona os lucros do GCSA para combater a exploração on-line de crianças. Uma voz respeitada do Morgan Stanley à Casa Branca dos Estados Unidos, seu trabalho é definido pela integridade e motivação para capacitar por meio da educação em sustentabilidade de segurança cibernética, tecnologia, alfabetização digital, privacidade de dados e práticas éticas de computação.

Conectando os pontos

- Criar conexões não requer apenas entender os outros, mas também uma compreensão profunda de si mesmo. Essa introspecção nos permite reconhecer os próprios pontos fortes e fracos, e nos abre espaço para oferecer apoio e compreensão genuínos às pessoas ao redor.

- Precisamos sempre ter em mente que nem todos têm a mesma facilidade ou a mesma visão sobre as coisas, e que, às vezes, o conteúdo da sua mensagem pode ficar comprometido pela forma como você o apresenta. A empatia é uma aliada fundamental quando precisamos ajustar os relacionamentos e ter conversas difíceis.

- No fim, não existe fórmula mágica para criar essas conexões que tanto nos ajudam a galgar a escada do mundo corporativo, mas alguns ingredientes ajudam muito nessa jornada. Transparência, sinergia e empatia sempre dão bons resultados, assim como a sorte, a confiança, a coragem, a flexibilidade, a inteligência emocional e a escuta.

COMPARTILHE
SUAS RESPOSTAS
#CONEXÕES

E agora é a sua vez!

Chegou o momento de fortalecemos a nossa capacidade empática. O exercício a seguir, quando praticado regularmente, vai ajudar você a entender melhor as emoções e motivações dos outros.

1. Pense em uma situação recente em que você teve um desentendimento com alguém ou presenciou uma discussão.

2. Coloque-se no lugar da pessoa e tente entender como ela se sentiu. Pergunte-se:

   - "Em que ela estava pensando?"

   - "Quais eram suas preocupações ou seus medos?"

   - "Como eu reagiria se estivesse na mesma situação?"

3. Descreva a seguir o que você acha que a pessoa estava sentindo e o que pode ter motivado suas ações.

4. Como você pode conectar-se ao desafio desta pessoa e tentar ajudá-la de alguma forma?

EPÍLOGO

Sobre a conexão que fizemos aqui

Sempre tive o sonho de colocar no papel minhas experiências, na esperança de eventualmente incentivar outras mulheres a seguirem o caminho da liderança e a se fortalecerem nele através das conexões. Este livro existiu de forma parcial durante alguns anos, sem contar o tempo que viveu apenas na minha cabeça, como uma simples vontade. Com minha entrada na Audible, senti uma chacoalhada quase como uma força externa, me incentivando a tornar esse sonho realidade. Depois de estudar algumas possibilidades, conheci o Anderson Cavalcante, que me deu essa chance.

Escrevê-lo em 2024, quando completei cinquenta anos, foi um verdadeiro presente. Acho que todo ano paramos em nosso aniversário para avaliar o ciclo anterior e planejar o próximo, mas essa idade é um marco que fez essa reflexão ser ainda mais profunda. Colocar no papel minha vivência, meus erros, meus acertos e, acima de tudo, as conexões que construí foi verdadeiramente mágico.

Eu não ia comemorar meu aniversário até comentar com minha amiga-irmã Mariana Santoro Batochio e ela organizar uma festa surpresa com amigos queridos. Mari e eu temos uma vida de conexão profunda que resultou naquela noite inesquecível para mim.

Um ombro sempre amigo
Mariana Santoro Batochio

Estudamos na mesma escola no ano em que a Dri foi morar em Bagdá. Anos depois (dia que me lembro como se fosse hoje), eu estava com a minha família em um hotel em Campos do Jordão e vejo de culote (roupa de andar a cavalo) aquela menina que foi morar em Bagdá vindo na direção em que eu estava. Olhei para ela e disse: "Você não morou em Bagdá? Estudamos juntas no colégio".

Foi nesse dia que nos conectamos realmente e que ganhei uma irmã de coração. Foram milhares de viagens, de histórias, de risadas, de balas Frumelo, de festas, de lágrimas e de momentos que guardo com muito carinho.

A Dri sempre foi aquela amiga que me encheu de orgulho. Ela começou a trabalhar cedo. Enquanto íamos a festas, ela tinha gravações do *Walking Show*. Em quantas peças de teatro fui lhe assistir e aplaudi-la de pé, na primeira fila. Quantas conquistas dividimos e quantas lágrimas choramos juntas. A Dri sempre foi um exemplo para mim, não só como a amiga perfeita, mas como a profissional impecável, a filha exemplar e a minha melhor companhia do mundo para viagens.

Assim como ela e boa parte das mulheres, eu também batalhei por um espaço dentro de um universo predominantemente masculino, o dos leilões. Faço parte da segunda geração de uma organização de leilões e presenciei esse mundo masculino desde menina. Não é fácil se destacar como mulher no mercado de trabalho, e, como jamais estive disposta a abrir a mão da minha delicadeza e ao mesmo tempo queria mostrar que a força está, muitas vezes, na própria sutileza, eu e minha irmã decidimos nos posicionar com vontade e criamos As Leiloeiras. Trouxemos para esse mundo o jeito feminino e leve de conduzir um leilão. Era tudo ou nada, mas uma coisa que não estávamos dispostas a negociar era o nosso jeito leve e doce. Assim, passo a passo, fomos crescendo e abrimos uma frente de trabalho, desta vez, muito mais conectada ao ambiente feminino. Eu sei que estamos só no começo, mas já me sinto realizada em ver que os frutos seguem aparecendo e que seguimos tendo ideias, nos reinventando e nos divertindo. Além de idealizadora de As Leiloeiras, também sou mãe. Tive três filhos: a Gabriela está com 21, o Eduardo com 19 e a Carolina, com 17 anos, e posso dizer que deixo o meu exemplo para minhas filhas, assim como minha mãe me ensinou: sejamos fortes, sempre. Para mim, isso já vale muito.

A Dri e eu nunca trabalhamos juntas, mas posso dizer que trabalhamos juntas em tudo, na verdade. Cada passo, cada desafio, cada dia de medo ou de tristeza sempre fica mais leve quando compartilhamos e quando temos um amigo verdadeiro para nos aconselhar. Em meio à vida corrida, não conseguimos nos ver o quanto eu gostaria, mas nós sabemos a força da nossa amizade. E cá estou eu, de novo, morrendo de orgulho dessa minha amiga tão especial. Parabéns pela iniciativa de contar a sua história de sucesso. Você é uma mulher que inspira muitas pessoas. E eu sou uma delas.

Mariana Sodré Santoro Batochio é formada em publicidade e propaganda e em direito. Trabalha há quase três décadas na Sodré Santoro Leilões, organização de leilões da sua família. Fez diversos leilões, incluindo os beneficentes, como o leilão em prol do Unicef, em parceria com a Mauricio de Sousa Produções, leiloando 33 coelhos, do personagem Sansão, vestidos com roupas desenhadas por estilistas brasileiros, e também leilões em prol do Hospital de Câncer de Barretos, da Childhood Brazil Foundation, Instituto Protea e muitos outros.

Bem, para a minha festa surpresa a Mariana me comoveu. Ali, vi reunidas pessoas que fizeram parte da minha história desde o maternal, como minha amiga Daniela Turella, que conheci com três anos de idade; pessoas que conheci na vida profissional, como Renata Gasperoni, Marina Filipe e Daniela Branco (que inclusive contribuíram para este livro); amigos da faculdade, do primário, de viagens. Olhar aquele grupo cantando parabéns – sim, aquele momento em que você morre de vergonha – me aqueceu o coração. Tive a confirmação de que consegui construir laços e conexões fortes, duradouras, genuínas e que, de alguma forma, também fui importante para elas, que se deslocaram da família em uma quarta-feira à noite para me prestigiar. Somos os mesmos seres humanos, trabalhando juntos ou não, e a forma como formamos e valorizamos laços diz muito sobre quem somos.

Profissionalmente, tive sem dúvida muita sorte e amplifiquei muitas possibilidades. Contei com aprendizados importantes que vieram de forma fácil ou extremamente sofrida, mas de um jeito ou de outro me levaram ao próximo passo. Alguns aprendizados ainda estão apenas na teoria, mas sempre há tempo de levá-los para a prática. Nesses caminhos, ajudei e influenciei positivamente pessoas, e fui guiada e influenciada por muitas outras, às quais continuo agradecida e atenta, observando-as para aprender ainda mais.

Mesmo aos cinquenta anos, sinto que ainda tenho muito a fazer e aprender. O mundo está em constante transformação, e os aprendizados nunca terminam. Com eles, ainda bem, chegam mais oportunidades de conexões. Atualmente temos, por meio do mundo digital, uma facilidade imensa de nos conectar e manter essas conexões, gerando projetos que podem contribuir muito para um mundo melhor. Sendo assim, eu quero terminar este livro fazendo um convite: você, que está me lendo, quais são as suas histórias? Em quais momentos você acertou? E como aprendeu e repensou quando errou? Adoraria escutar você, e seria um prazer me conectar com você e ouvir a sua história. Meu LinkedIn está esperando seu contato, para trocarmos experiências:

linkedin.com/in/adrianaalcantara

Estou ansiosa esperando por você. Obrigada pela leitura e por ser mais um capítulo da minha jornada.

Até lá!
Adriana

Cronologia

1987   Mudança para o Iraque.

1992   Inicia graduação em Comunicação Social (marketing e publicidade) na Fundação Armando Alvares Penteado (FAAP).

1993   Começa a trabalhar na Casablanca como repórter e produtora, sendo apresentadora âncora e repórter para o programa de variedades *Walking Show*.

1996   Conclui os estudos na FAAP.

1997   Conclui a experiência na Casablanca muda-se para Nova York, onde inicia o mestrado em marketing, produção e direção de cinema e TV na Universidade de Nova York (NYU).

1998   Inicia como produtora sênior na MSNBC em Nova York, pesquisando, dirigindo e roteirizando documentários, como *Headliners and Legends*.

1999   Conclui os estudos na NYU.

2001
- Finaliza a experiência na MSNBC.
- Volta para o Brasil.

2003	Integra a equipe da Viacom Networks Brazil como gerente de produção e programação, em São Paulo, desenvolvendo estratégia de conteúdo local para Nickelodeon e gerenciando equipe de até sessenta pessoas entre diretos e indiretos.
2005	Começa a lecionar como professora de pós-graduação e graduação na FAAP.
2006	Finaliza a experiência na Viacom.
2007	Inicia como gerente de programação e aquisição na Globosat, no Rio de Janeiro, onde avaliava a grade de programação, prospectava e adquiria conteúdos internacionais, bem como administrava orçamentos e cuidava da gestão de contratos das aquisições dos canais.

2008
- Finaliza a experiência na Globosat.
- Integra a equipe da Oi TV, no Rio de Janeiro, onde passa a ser líder de conteúdo e produto, responsável por estratégias multiplataforma.

2012
- Conclui sua trajetória na Oi TV.
- Assume papel de head de filmes da América Latina e Ibéria na Apple, em São Paulo, liderando estratégia de lançamento do iTunes, desenvolvimento de conteúdo, aquisições, vendas e operações, além de gerenciar relações com órgãos governamentais brasileiros, como a Ancine.

2013
- Conclui sua trajetória na Apple.
- Torna-se vice-presidente de marketing, conteúdo e desenvolvimento de negócios na Scripps Networks Interactive, iniciando a introdução do Food Network no Brasil e América Latina.

2018	• Conclui sua trajetória na Scripps Networks.
	• Assume como head de conteúdo, desenvolvimento de negócios, parcerias e crescimento de marca na Warner Bros. Discovery.
2019	Conclui sua experiência como docente da FAAP.
2021	• Conclui a experiência na Warner Bros. Discovery.
	• Inicia como gerente geral no Brasil na inCast, responsável por crescer operações incluindo vendas, conteúdo, relações com influenciadores, branding, desenvolvimento de negócios e planejamento estratégico.
	• Começa trabalho voluntário na Protect Us Kids Foundation, contribuindo com organização sem fins lucrativos focada nos direitos e proteção de crianças contra crimes cibernéticos.
2022	• Conclui sua experiência na inCast.
	• Inicia como Country Manager da Audible no Brasil, assumindo gestão geral, gestão internacional e gerenciamento empresarial.

Saiba mais sobre os
meus projetos em:

Fontes TIEMPOS e FAKT
Papel ALTA ALVURA 90 G/M²
Impressão IMPRENSA DA FÉ